RUSÇA
GEZİ VE KONUŞMA REHBERİ

RUSÇA
GEZİ VE KONUŞMA REHBERİ
ISBN **978-9944-216-50-0**

Vedat Aydoğan

Yayın Yönetmeni **Vedat Aydoğan**

Kapak ve Düzenleme **Deltakitap**
Y.S. No **46062**
Baskı - Cilt **Tram Ofset A.Ş.**

DELTA KÜLTÜR YAYINEVİ
Sağlık 2 Sk. No: 56-D
Çankaya/ANKARA
T +90 312 433 17 72
F +90 312 433 17 76

www.deltakitap.com

ÖN SÖZ

Yayımlanmış en geniş kapsamlı Türkçe-Rusça Gezi ve Konuşma Rehberi'ni inceliyorsunuz.

Bu eser, Rusya'ya ve Rusça konuşulan ülkelere yapacağınız turizm veya iş seyahatlerinizde, seyahat öncesi ve süresince yanınızdan ayıramayacağınız bir baş ucu kitabıdır.

Rehber, henüz hiç Rusça bilmeyen ve Rusya'da bulunmamış okuyucuya hizmet edebilecek biçimde tasarlanmıştır. Kişinin, kendini en hızlı, kolay ve doğru ifade edebileceği bir kurguya sahiptir.

Tematik kurgu içerisinde konulara göre tipik cümleler ve bu cümleler içerisinde geçebilecek kelimeler, okunuşları ile verilmiştir. Yine bu konuların gereken bölümlerinde Rusya ve Ruslarla ilgili kültürel ipuçları verilmiş, sizi bekleyen olumlu ya da olumsuz durumlara ilişkin uyarılar yapılmıştır.

Rus kültürü ve gelenekleri ile ilgili ipuçlarının yanı sıra Moskova gezi rehberini de içeren bu kitapta, Rus mutfağından farklı örneklerin bulunduğu açıklamalı bir menü de yer almaktadır.

Seyahatiniz boyunca size yardımcı olacak bu rehberden hızlı ve kolay bir şekilde yararlanabilmeniz için, bir sonraki sayfada bulunan NASIL KULLANACAKSINIZ? bölümünü dikkatlice okuyunuz!

NASIL KULLANACAKSINIZ?

Bu rehberi kullanmadan önce mutlaka inceleyiniz. On iki ana başlıktan oluşan rehberin her başlığı farklı renklendirilmiştir. İçindekiler bölümü, renkleri ve alt başlıkları ile kullanımı kolaylaştırmakta ve hızlandırmaktadır. İhtiyaç duyduğunuz konu ile ilgili önce içindekiler bölümünden sayfa numarasını bulunuz.

Konu başlığı altında sık karşılaşabileceğiniz cümle kalıpları seçilerek Türkçe ve Rusçası siyah, okunuşları ise mavi renkte verilmiştir. Okunuşları, Rusça söyleyiş kurallarına uygun biçimde Türkçe harflerle verilmiş ve telaffuz için çok önemli olan vurgu - ´ - işareti ile harfin üzerinde gösterilmiştir. Bu kuralı mutlaka öğreniniz. *syf 10*

Rehberin 80. sayfasında Türkçeleştirilmiş Moskova metro haritası verilmiştir. Bu harita şehir içi ulaşım ve gezintilerinizde çok faydalı olacaktır. Bununla birlikte, rehberin "Seyahat" bölümünde Moskova'da görülmesi gereken bazı yerler hakkında ayrıntılı bilgiler verilmiştir.

Konu başlarında ihtiyaç duyabileceğiniz bilgiler ve kültürel ipuçları yer almaktadır. Bu ipuçları size yol gösterecek ve ihtiyaçlarınızı hızla çözecek biçimde hazırlanmıştır.

Aynı kalıp cümle içerisinde kullanabileceğiniz diğer kelimeler cümlenin hemen ardından verilmiş ve bu kelimeler cümle içerisinde koyu renkle gösterilerek tamamı çerçeve içine alınmıştır.

RUSYA VE RUSÇA
harflerin okunuşu 8
genel tavsiyeler 12
tatil ve bayram günleri 14

SIK BAŞVURULAN BİLGİLER
temel ifadeler 18
sayılar 20
sıralı sayılar 23
ölçüler, tartılar, miktarlar 25
tabelalar-işaretler 26
renkler 29
mevsimler 30
hava durumu 30

ZAMAN
saat sorma-söyleme 34
günler 37
aylar 38
tarih 38

İLK TEMASLAR
hitap şekilleri 42
soru kalıpları 44
Rusçada cinsiyet 46
söyleneni anlama-dil bilme 47
selamlaşma 48
tanışma 49
kendini tanıtma 50
meslekler 51
burçlar 53
aile-akrabalar 54
aile-ilişkiler 56
yaş 57
vedalaşma 58
teşekkür etme-özür dileme 59
nezaket sözleri 60
iltifat etme 61
davet etme 63
kabul etme-reddetme 65
tebrik etme-iyi dilekte bulunma 67
niçin?-çünkü 68
ülkeler 69

KONAKLAMA
yerleşme 74
hizmetler 77

SEYAHAT
Moskova metrosu 80
artık Rusya'dasınız 82
THY ofisleri 84
ülkeye girerken 85
gümrükte 86
otomobil kiralama 88
şehir gezisi-yol sorma 89
nehir tramvayı 92
Moskova rehberi 94
- Kızıl Meydan 94
- Saint Basil Katedrali 95
- Lenin'in Anıt Mezarı 95
- Kremlin Sarayı 95
- Puşkin Devlet Sanat Müzesi 96
- Moskova kanal gezisi 96
- Arbat Sokağı 96

Novodeviçi Manastırı ve Mezarlığı 97
Ostankino TV Kulesi 97
otobüs 98
metro 99
taksi 101
otomobil 102
iletişim 103
polis ve suç 107

YEME-İÇME

yer ayırtma 110
yemek seçme 112
pişirme şekilleri 115
Rus mutfağı 115
kahvaltı 115
salatalar 116
soğuk mezeler 117
sıcak mezeler 118
çorbalar 119
ana yemekler 120
garnitürler 121
tatlılar 122
alkollü içecekler 123
alkolsüz içecekler 124
sebze ve meyveler 125

ALIŞVERİŞ

temel ifadeler 128
banka-para 129
mağaza 131
market 133
kozmetik-parfümeri 134
kitap-müzik-fotoğraf 135
giyim 137
bayan giyim 138
erkek giyim 139
ayakkabı 140
hediye 141

SAĞLIK-VÜCUDUMUZ

temel ifadeler 144
doktor 145
şikâyetler 146
eczane 147
diş hekimi 148
vücut bölümleri 149

İŞ YAŞAMI

temel ifadeler 152
anlaşmalar 153
şirket içi idari görevler 154

TATİL, EĞLENCE, SPOR VE SOSYAL YAŞAM

eğlence 156
gece hayatı 157
sosyal yaşam 158
deniz-plaj 161
spor-futbol 164
kuaför-güzellik salonu 171
bayan kuaförü 171
erkek kuaförü 173

TÜRKÇE-RUSÇA SÖZLÜK 174

Rusça ve Rusya

Ben Rusça alfabeyi okuyamıyorum.
Я не умею чтать по-русски.
ya ni uméyu çitat pa-rúski.

Alfabeyi öğreniyorum.
Я учу русский алфавит.
ya uçú rússkiy alfaví't.

Harflerin okunuşu

А, а	a	masa	книга	kníga
Б, б	b	beton	буква	búkva
В, в	v	valiz	вечер	véçır
Г, г	g	gelin	год	god
Д, д	d	damat	дом	dom
Е, е	ye	yemek, hediye	ехать	yéhat

E harfi; kelimenin ilk harfi olduğunda, bir sesli harften, yumuşatma veya inceltme işaretinden önce geldiğinde ve üzerinde vurgu işareti olduğunda ye okunur. Diğer tüm durumlarda i okunur.

Ё, ё	yo	yosun, yolcu	ёлка	yólka
Ж, ж	j	jilet	женщина	jénşina
З, з	z	zarf	завод	zavód
И, и	i	dil	игрушка	igrúşka
Й, й	y	kolay, iyi	сейчас	séyças
К, к	k	kitap	край	kray
Л, л	l	balık	лодка	lódka
М, м	m	masa	мама	máma
Н, н	n	nane	народ	naród
О, о	o	tohum	против	prótif
П, п	p	pırasa	папа	pápa
Р, р	r	resim	рис	ris
С, с	s	saat	соль	sol
Т, т	t	takvim	точка	tóçka

У, у	u	ufuk	ученик	uçeník
Ф, ф	f	fırtına	Уфа	ufa
Х, х	h	lahana	хлеб	hléb

Х harfinin Türkçedeki tam karşılığı gırtlaktan gelen ve sert söylenen h'dir. Bu sesi daha iyi anlayabilmek için "hayır", "tahta" kelimelerindeki h sesinin farkını inceleyiniz. "Tahta" kelimesindeki h sesi gırtlaktan ve daha vurguludur.

Ц, ц	ts	hareketsiz	цена	tsená
Ч, ч	ç	laçin	почему	paçemu
Ш, ш	ş	yeşil	шея	şéya
Щ, щ	şç	kuşçu	щётка	şçyotka
Ъ , ъ		sert vurgu	объект	abyékt

Ъ harfinin bir sesi yoktur. Pek sık kullanılmayan bu harf kalınlaştırma (sertleştirme) işaretidir ve öncesindeki ünsüz harfin daha sert (kalın) söylenmesini sağlar.

Ы, ы	ı	ışık	kelimesindeki ı gibi okunur.	бык	bık
Ь, ь		yumuşak vurgu	мягкий знак [myahkiy znak]	сколько	skólka

Sonrasına geldiği harfin sesini inceltir. "L" harfi için yumuşatma (inceltme) işaretinin etkisini inceleyelim: PROFİTEROL kelimesinde "L" harfinden sonra yumuşatma varmış gibi okuruz. BALON kelimesinde ise sert ve yumuşatılmamış bir L vardır. Arkadaşımız EROL'un adını L'den sonra yumuşatma varmış ya da yokmuş gibi okuyalım.

Harflerin okunuşu

Э	э	etek	этикет	etiket
Ю	ю	yumuşak	юг	yug
Я	я	yakın	язык	yazık

Ukraynaca, Bulgarca, Sırpça gibi dillerle birlikte Slav dillerinin en yaygın kullanılanı Rusça, yeryüzünde yaklaşık 180 milyon insanın ana dili, 120 milyon insanın ise ikinci dilidir. 33 harften oluşan Rus alfabesi, Kril harfleri kullanılarak oluşturulmuştur. Rus alfabesi Türk alfabesinden farklı olsa da ortak kullanılan harfler ve seslerin Türkçe ile uyumlu olması harflerin söylenişini kolaylaştırmaktadır. Rus alfabesini öğrenmek hem çok fazla zaman almayacak hem de Rusya'da günlük yaşamı çok kolaylaştıracaktır.

-´- Vurgu, Rusçada çok önemlidir ve hemen her kelimede vardır. Hem konuşulanın anlaşılması hem de söylenişin kolay olması açısından vurgunun ne işe yaradığı mutlaka bilinmelidir. Elinizdeki kitapta vurgu, telaffuzlarda gösterilmiştir. Üzerinde vurgu olan a(á), e-(é), ı-(ì), u-(ú), o-(ó), i-(í) harflerini yarım ses uzatarak söyleyiniz. Bu harf daha belirgin söylenerek vurgulanmış olacaktır. Kadın anlamına gelen jénşina kelimesindeki -e- harfi üzerinde vurgu -´- olduğu için uzatılarak söylenir.

Aşağıya adınızı Rusça harfler ile yazınız!

Яшасын!

Русча

окуябилиёрум.

Genel tavsiyeler

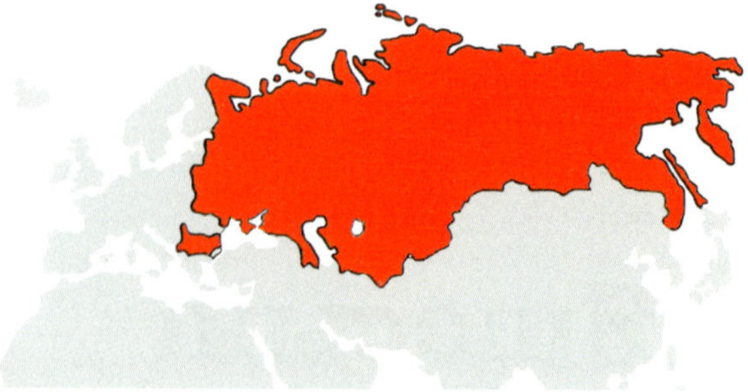

Kril alfabesini kullanan ülkeler haritası

- Mutlaka Kril alfabesini öğreniniz. Bu sizin en fazla birkaç saatinizi alacak ve yine birkaç günde pekişerek size gündelik hayatta pek çok kolaylıklar sağlayacak.
- Ruslar karşısındakine kolaylıkla güvenmez. Eğer Rusya'da ticaret yapmak istiyorsanız mutlaka yerel firmalarla iş birliği yaparak karşılıklı güveni tesis etmelisiniz.
- Ülkemizde de büyük ilgi gören Rus klasik eserlerini okumanızın Rusları daha yakından tanımanıza çok yardımı olacaktır. Anna Karenina, Ölü Canlar, Suç ve Ceza bunlardan bazılarıdır.
- Dışarı çıkın! Rusya'da dışarı çıkarsanız, hayatın çok hızlı aktığını görecek ve gerçek Rusya'yı daha çabuk tanıyacaksınız.
- Ruslar için bayramlar, doğum günleri çok önemlidir. Kutlamayı ihmal etmeyiniz.
- Metro, tramvay gibi toplu taşım araçlarını kullanınız.

Genel tavsiyeler

- Önemli bir konu görüşülürken ya Rusça konuşun ya da çevirmen aracılığı ile konuşun. İngilizce veya başka bir dilde yaptığınız görüşmelerde karşınızdaki sizi net olarak anlayamayabilir.
- Çevrenizde danışabileceğiniz Ruslar var ise hangi restoran ya da bara gitmeniz, nereleri gezmeniz gerektiği konusunda tavsiyeler alın.
- Kendiniz hakkında (eğitim, aile vb.) çok fazla konuşmayın. Bu karşınızdakini sıkabilir. Ruslar keşfetmeyi ve öğrenmeyi çok severler. Bırakın onlar sizi tanısın.
- Rusya'da alışık olmadığınız seviyede içmeniz için size içki ikram edebilirler. Çok dikkat edin ve mutlaka sınırı koruyun. Ruslar her seferinde şerefe kadeh kaldırır ve sırayla kısa konuşmalar (tost) yaparlar. Böyle bir durumda bir an önce siz sırayı alıp kadeh kaldırıp birkaç söz söyleyerek artık daha temkinli davranabilirsiniz.
- Rusya'nın zor hava şartlarına giysi ve ayakkabılarınızla hazır olun.
- Rusya düşünülenin tam tersine güvenli bir ülkedir. Yeter ki geceleri tren istasyonlarından, gece kulüplerinden çıkan sarhoşlardan, geceleri sokakta dolaşan dazlak gruplardan uzak durun!
- Döviz bozdurmak için mutlaka resmi yolları kullanın. Döviz büroları, bankalar ve otellerin dışında döviz bozdurmak suçtur. Yaptığınız işlem için mutlaka belge alın.
- Seyahat çekleri genellikle kabul edilmez.
- İçme suyu ihtiyacınızı şehir şebekesinden değil, şişelenmiş sularla karşılayın.

Tatil ve bayram günleri

1 Ocak - Yeni Yıl
Новый год / nóvıy god

Yeni yıl Rusya'nın en önemli tatillerinden biridir. Yeni yıla görkemli bir şölenle girmek isterseniz, Kremlin'de gece yarısını çan sesleri ile karşılayan coşkulu kalabalığın arasında bulunmak tam size göre. 1-5 Ocak arası iş yerleri çalışmaz.

7 Ocak - Rus Ortodoks Noel günü
Рождество Христово / rajdestvó hristóva

Rus Ortodoks Kilisesinin benimsediği Julyen takvimine göre İsa'nın doğuşu kutlanmaktadır.

23 Şubat - Vatan Muhafızları Bayramı
День защитника Отечества / den zaşítnika atéçestva

Sovyetler Birliği döneminde adı "Kızıl Ordu Günü" olan bu bayram pratikte, Rusya'nın bitmez tükenmez savaşları neticesinde erkekleri onore eden bir bayramdır ve "Erkekler Günü" olarak kutlanmaktadır. Bu gün sokakta dolaşırken ya da restoranda yemek yerken tanımadığınız bayanlar tarafından tebrik edilirseniz şaşırmayın!

8 Mart - Kadınlar Günü
Восьмое марта / vasmóye márta

Bu gün, Rusya'da en coşkulu kutlanan günlerden biridir.

Mart / Nisan - Paskalya
Пасха / páshа

40 günlük et orucu sonunda (21 Mart sonrasında), dolunayı takip eden ilk pazar günü olan Pasha, Rusya'da en coşkulu geçen bayramlardan biridir. Bu günde İsa Mesih'in çarmıha gerildiği ve yeniden dirildiğine inanılır.
İnsanlar kilise çıkışlarında birbirlerine hrístos voskrésye (İsa dirildi) diye seslenirler. Rahip kilise etrafında üç defa dolaşarak sembolik olarak İsa'nın bedenini arar. Aynı zamanda bahar bayramı gibi de kutlanan Paskalya'da bir hafta süresince kekler yapılır, yumurtalar boyanır, çocuklara hediyeler verilir.

1 Mayıs - Bahar ve İşçi Bayramı
День Весны и Труда / den vesnì i truda

Tatil ve bayram günleri

9 Mayıs - Zafer Bayramı

День Победы / den pabédı

Sovyetler Birliği'nin Nazi Almanyası ile giriştiği, milyonlarca insanın hayatına mal olan Büyük Anayurt Savaşı (1941-1945) sonucunda, Hitler Almanya'sına karşı elde edilen zaferin şerefine kutlanmaktadır.

12 Haziran - Rusya Günü

День России / den rassíi

1990 yılında Rusya Federasyonu'nun ilanı kutlamaları.

4 Kasım - Ulusal Birlik Günü

День народного единства / den naródnova yedínstva

Sık Başvurulan Bilgiler

Adınız ne?
Как Вас зовут?
kak vaz zavút?

Adım Hakan.
Меня зовут Хакан.
minyá zavút hakan.

Temel ifadeler

ben	Я	ya
sen	Ты	tı
o	Он, она, оно	on, ana, ano
biz	Мы	mı
siz	Вы	vı
onlar	Они	ani

Konuştuğunuz kişi sizden yaşlı, devlet görevlisi veya mesafeli görüştüğünüz biri ise "sen" tı yerine, "siz" vı diye hitap edin.

evet	Да	da
hayır	Нет	niyet
lütfen	Пожалуйста	pajálusta
Teşekkür ederim.	Спасибо	spasíba
Kim?	Кто	kto?
Ne?	Что	şto?
Nereye?	Куда?	kudá?
Nerede?	Где?	gıde?
Ne zaman?	Когда?	kagdá?
Hangi?	Какой ?	kakóy?
Niçin?	Почему?	paçimú?
Nasıl?	Как?	kak?
Kimin?	Чья?	çiya?
Ne kadar?	Сколько?	skólka?

Temel ifadeler

Merhaba!	Здравствуйте!	zdrástvuyte!
Günaydın!	Доброе утро!	dóbroye útra!
İyi akşamlar!	Добрый вечер!	dóbrıy véçır!
İyi geceler!	Доброй ночи!	dóbrıy nóçi!
İyi günler!	Добрый день!	dóbrıy den!
Affedersiniz!	Извините!	izviníte!
Adınız ne?	Как вас зовут?	kak vaz zavút?
Adım Hakan.	Меня зовут Хакан.	minyá zavút hakan.
Nasılsınız?	Как дела?	kak díla?
İyiyim!	Хорошо.	haraşó.
Nerelisiniz?	Откуда вы?	atkúda vı?
Türkiyeliyim.	Я из Турции.	ya iz túrtsiyi.

Sayılar

Lütfen sayıyı rakamla yazınız.	Напишите, пожалуйста, цифрами.	napişíte pajálısta tsíframi.
Bu sayı Rusça nasıl söylenir?	Как это будет по-русски?	kak éta budit pa ruski?
0	нуль	nul
1	один	adín
2	два	dva
3	три	tri
4	четыре	çitìri
5	пять	piyat
6	шесть	şest
7	семь	sim
8	восемь	vósem
9	девять	dévit
10	десять	désit
11	одиннадцать	adínnadsat
12	двенадцать	dvinádsat
13	тринадцать	trinádsat
14	четырнадцать	çitìrnadsat
15	пятнадцать	pitnádsat
16	шестнадцать	şistnádsat
17	семнадцать	semnádsat

18	восемнадцать	vasimnádsat
19	девятнадцать	divitnádsat
20	двадцать	dvádsat
21	двадцать один	dvádsat adín
22	двадцать два	dvádsat dva
30	тридцать	trídsat
31	тридцать один	trídsat adín
32	тридцать два	trídsat dva
40	сорок	sórak
50	пятьдесят	pitdisyát
60	шестьдесят	şistdisyát
70	семьдесят	semdisyat
80	восемьдесят	vósimdisyat
90	девяносто	divinósta
100	сто	sto
101	сто один	sto adín
102	сто два	sto dva
110	сто десять	sto désit
118	сто восемнадцать	sto vásimnadsat
120	сто двадцать	sto dvádsat
200	двести	dıvésti
300	триста	trísta

Sayılar

1 000	тысяча	tísyaça
2 000	две тысячи	dve tísıçi
100 000	сто тысяч	sto tísıç
1 000 000	миллион	milyón
128	сто двадцать восемь	sto dvátsat vósim
1 976	тысяча девятьсот семьдесят шесть	tísıça devitsót sémdisat şest
2 010	две тысячи десять	dve tísıçi désit
1 045	тысяча сорок пять	tísıça sórak piyat
60 730	шестьдесят тысяч семьсот тридцать	şistdisyát tísıç semsót trítsat
2 300 000	два миллиона триста тысяч	dva milyóna trísta tísıç
1 500 000	полтора миллиона	paltará milyón
5,5 beş buçuk	пять с половиной	piyat sı palavínoy
8,5 sekiz buçuk	восемь с половиной	vósim sı palavínıy
3,4 üç tam onda dört	три целых четыре десятых	tri tsélıh çitìri disyátıh
30,8 otuz tam onda sekiz	тридцать целых восемь десятых	trítsat tsélıh vósim disyátıh
6,24 altı tam yüzde yirmi dört	шесть целых двадцать четыре сотых	şest tsélıh dvátsat çitìri sótıh
yarım milyar	пол миллиарда	pol milyárda
çeyrek milyon	четверть миллиона	çétvert millióna

Dördüncü ay nisandır.	Четвёртый месяц апрель.	çitvortıy mésyats aprél.
Birinci ay ocaktır.	Первый месяц январь.	pérvıy mésıts yanvár.
birinci	первый	pérvıy
ikinci	второй	ftaróy
üçüncü	третий	trétiy
dördüncü	четвертый	çitvórtıy
beşinci	пятый	piyátıy
altıncı	шестой	şistóy
yedinci	седьмой	sidmóy
sekizinci	восьмой	vasmóy
dokuzuncu	девятый	divyátıy
onuncu	десятый	disyátıy
on birinci	одиннадцатый	adínnatsatıy
on ikinci	двенадцатый	dvinátsatıy
on üçüncü	тринадцатый	trinátsatıy
on dördüncü	четырнадцатый	çitìrnatsatıy
on beşinci	пятнадцатый	pitnátsatıy
on altıncı	шестнадцатый	şistnátsatıy
on yedinci	семнадцатый	simnádsatıy
on sekizinci	восемнадцатый	vosimnátsatıy
on dokuzuncu	девятнадцатый	devitnátsatıy
yirminci	двадцатый	dvatsátıy

Sıralı sayılar

yirmi birinci	двадцать первый	dvádsat pérvıy
yirmi ikinci	двадцать второй	dvátsat fıtaróy
otuzuncu	тридцатый	tritsátıy
otuz altıncı	тридцать шестой	trítsat şestóy
kırkıncı	сороковой	sarakavóy
kırk ikinci	сорок второй	sórık ftaróy
ellinci	пятидесятый	pitidesyátıy
elli birinci	пятьдесят первый	pitdisyát pérvıy
altmışıncı	шестидесятый	şestidisyátıy
altmış üçüncü	шестьдесят третий	şistdisyát trétiy
yetmişinci	семидесятый	simidisyátıy
yetmiş sekizinci	семьдесят восьмой	sémdisat vasmóy
sekseninci	восьмидесятый	vasmidisyátıy
doksanıncı	девяностый	divinóstıy
doksan dördüncü	девяносто четвертый	divinósta çitvórtıy
yüzüncü	сотый	sótıy
yüz birinci	сто первый	sto pérvıy
yüz onuncu	сто десятый	sto disyátıy
yüz yirmi yedinci	сто двадцать седь-мой	sto dvátsat sidmóy
bininci	тысячный	tísıçnıy
bin beş yüzüncü	тысяча пятисотый	tísyıça pitisótıy
birincil, öncelikle	во первых	va pérvıh
ikincil, daha sonra	во вторых	va ftarìh

Ölçüler, tartılar, miktarlar

gram	грамм	gram
kilogram	килограмм	kilagrám
yarım kilo	полкилограмма	polkilagráma
litre	литр	lítır
yarım litre	пол-литра	pollítra
çeyrek litre	четверть литра	çétvert lítra
metre	метр	métır
santimetre	сантиметр	santimétır
az	мало	mála
çok	много	mnóga
biraz	немного	nimnóga
fazla	лишний	líşniy
yeterli	достаточно	dastátıçna
büyük	большой	balşóy
küçük	маленький	málinkiy

Rusça'da 'O benden 5 yaş büyük.' derken kullanılan 'büyük' ifadesi ile 'Benin Ayağım seninkinden daha büyük.' cümlesindeki 'büyük' ifadesi aynı değildir. Bu konuşma kılavuzunda benzer hususlar dikkate alınarak her bölüm içerisinde gereken örneklemeler verilmiştir.

kısa	короткий	karótkiy
uzun	длинный	dlínnıy
geniş	широкий	şirókiy
dar	узкий	úzkiy

Tabelalar-işaretler

Moskova trafiğine tam bir kargaşa hakimdir. Yol ve trafik levhaları pek düzenli olmayabilir. Buna rağmen otobüs, metro vb. gibi ulaşım araçlarında her türlü işaretleme-tabela şehrin her tarafında yaşamın her alanında kullanılmaktadır.

Açık	Открыто	atkrìta
Kapalı	Закрыто	zakrìta
Bay	Мужской [М]	mujskóy
Bayan	Женский [Ж]	jénskiy
Çekiniz	К себе	kı sibyé
İtiniz	От себя	at sibyá
Giriş	Вход	vhod
Çıkış	Выход	vìhıd
Giriş ücretli	Вход платный	vhod plátnıy

Tabelalar-işaretler

Giriş ücretsiz	Вход бесплатный	vhod besplátnıy
Boş	Свободно	svabódna
Meşgul, Dolu	Занято	zányata
Berber	Парикмахерская	parikmáherskaya
Boyalı	Окрашено	akráşina
Bozuk	Не работает	ni rabótayet
Cadde	Проспект	prospékt
Cami	Мечеть	meçít
Çarşı	Рынок	rìnok
Çöp atmayınız	Мусор не бросать	músır ni brasát
Danışma	Справочная	správaçnaya
Dikkat	Внимание	vınimániye
Dokunmayınız	Не трогать	ni trógat
Dur	Стой	stóy
Durak	Остановка	astanófka
Eczane	Аптека	aptéka
Fotoğraf çekmek yasaktır	Фотосъемка запрещена	fotosiyómka zaprişiná
Gar	Вокзал	vakzál
Geçit	Переход	perehód
Geçilmez	Перехода нет	perehóda niyet
Giriş yasak	Вход воспрещён	vhod vasprişón
Gişe	Касса	kássa
İçilmez	Не для питья	ni dilya pityá

Tabelalar-işaretler

İndirim	Скидка	skídka
Kiralık	Сдаётся в аренду	zıdayótsa vı aréndu
Kredi kartı geçerlidir	Кредитные карточки принимаем	kréditnıye kártoçki prinimáyem
Metro	Метро	metró
Muhasebe	Бухгалтерия	bugaltériya
Müdür	Директор	diréktır
Müze	Музей	muzéy
Otobüs durağı	Автобусная остановка	aftóbusnaya astanófka
Otogar	Автовокзал	aftovakzál
Otopark	Стоянка	stayánka
Postane	Почта	póçta
Rezerve	Забронировано	zabronírovana
Satılık	Продаётся	pradayótsa
Sigara içilmez	Не курить	ni kurít
Sokak	Улица	úlitsa
Şehir merkezi	Центр города	tséntır górada
Tehlikeli	Опасно	apásna
Tuvalet	Туалет	tualét
Ucuzluk	Распродажа	raspradája
Yol kapalı	Дорога закрыта	daróga zakrìta

Kar ne renktir?	Какого цвета снег?	kakóva tsvéta sneg?
Kar beyazdır.	Снег белый.	sneg bélıy.
Portakal turuncudur.	Апельсин оранжевый.	apelsín oránjevıy.
Gömlek hangi renk?	Какого цвета эта рубашка?	kakóva tsvéta éta rubáşka?
Gömlek sarı.	Рубашка жёлтая.	rubáşka jyoltaya.
koyu renk	темный	tyomnıy
açık renk	светлый	svétlıy
parlak	яркий	yárkiy
altın rengi	золотой	zalatóy
bej rengi	бежевый	béjevıy
beyaz	белый	bélıy
bronz rengi	бронзовый	brónzovıy
gri	серый	sérıy
gümüş rengi	серебряный	serebryánıy
kahverengi	коричневый	karíçnivıy
kırmızı	красный	krásnıy
mavi	голубой	galubóy
mor	фиолетовый	fiolétovıy
pembe	розовый	rózovıy
sarı	желтый	jyoltıy
siyah	черный	çyornıy
turuncu	оранжевый	oránjevıy
yeşil	зеленый	zelyonıy

Mevsimler

Yaz sıcaktır.	Летом жарко.	létam járka.
Kış soğuktur.	Зимой холодно.	zimóy hólodna.
İlkbahar	Весна	vesná
Yaz	Лето	léto
Sonbahar	Осень	ósin
Kış	Зима	zimá

Hava durumu

Bugün hava nasıl?	Каков прогноз погоды на сегодня?	kakov pragnoz pagódı na sivódniya?

Hava **yağmurlu** olacak.	Погода будет **дождливая.**	pagóda búdit **dajdlívaya.**
sisli	туманная	tumánnaya.
karlı	снежная	snéjnaya
bulutlu	пасмурная	pásmurnaya

Bugün kaç derece?	Сколько сегодня градусов?	skólka sivódniya grádusov?
Bugün hava 25 derece.	Сегодня плюс пятнадцать.	sivódniya plus pitnatsat.

Hava durumu

Bugün hava eksi 5 derece.	Сегодня минус пять.	sivódniya minus piyat.
Harika bir sabah!	Прекрасное утро!	prikrásnoye útra!
Çok güzel bir gün değil mi?	Хороший день, не правда ли?	haróşiy den, ni právda li?
Bu sabah biraz bulutluydu.	Сегодня утром было облачно.	sivódniya útrom bìlo óblaçno.
Hava temiz.	Небо чистое.	néba çístoye.
Güneş açtı.	Выглянуло солнце.	vìglinula sólntse.
Hava ısınıyor.	Погода становится теплее.	pagóda stanóvitsya tipléye.
Hava çok güzel değil mi?	Прекрасная погода, не так ли?	prikrásnaya pagóda, ni tak li?
Çok sıcak!	Мне жарко.	mınye járka.
Çok yağmur yağıyor.	Идет сильный дождь.	idyot sílnıy dójd.

Hava durumu

Sırılsıklam ıslandım.	Я совсем промок.	ya safsém pramók.
Bugün soğuk.	Сегодня холодно.	sivódniya hólodna.
Feci üşüdüm.	Я ужасно замёрз.	ya ujásna zamyórz.
Bugün için hava tahminleri nasıl?	Каков прогноз на сегодня?	kakóv pragnóz na sivódniya?

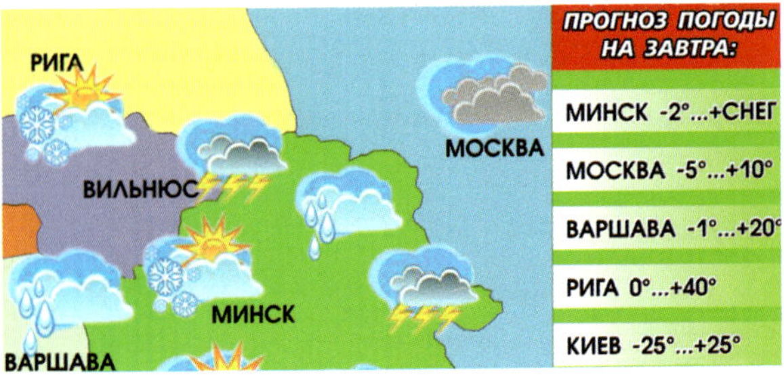

Zaman

Saat kaç?
Сколько времени?
skólka vrémeni?

Bugünün tarihi ne?
Какое сегодня число?
kakóye sivódniya çisló?

Saat sorma-söyleme

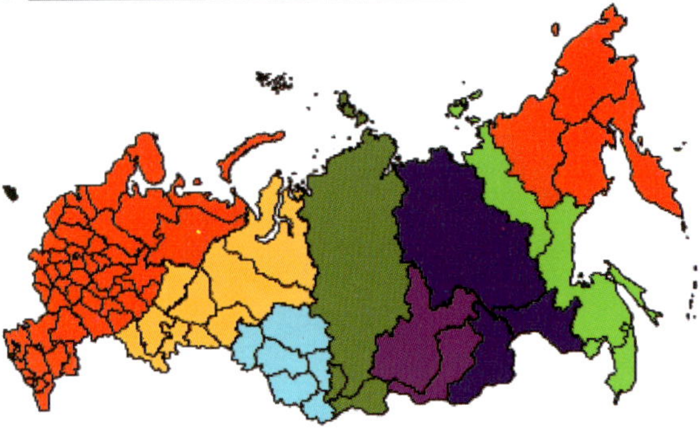

Çok geniş bir yüz ölçüme sahip Rusya'da dokuz farklı saat dilimi vardır. Yolculuklarınızda kalkış-varış saatlerinin Moskova saatine göre olup olmadığını mutlaka teyit edin:

Moskova saatiyle mi?
По московскому времени? po maskóvskomu vrémeni?

Lütfen saati söyler misiniz?	Скажите, пожалуйста, который час?	skajíte pajálusta katórıy ças?
Saat kaç?	Сколько времени?	skólka vrémeni?
Saat beş.	Пять часов.	piyat çasá.
Saat üç.	Три часа.	tri çasóf.
Saat tam altı.	Ровно шесть часов.	róvna şest çasóv.
Saat üç buçuk.	Полчетвертого.	polçitvórtava

Rusçada "buçuk" kavramı söylenirken aslında bir sonraki saate yarım kaldığı ifade edilir.

Saat ikiyi 15 geçiyor.	Пятнадцать минут третьего.	pitnátsat minút trétyeva.

Bu ifadede bir sonraki saatten (üçten) 15 dakika aldığı ifade edilmektedir.

Yediye beş var.	Без пяти семь.	bez petí sem.

Bu ifade "Beş'siz yedi" olarak söylenmektedir.

Sekizi beş geçiyor.	Пять минут восьмого.	píyat minút vasmova.
Saat on iki.	Двенадцать часов.	dvinatsat çasof.
O kadar geç oldu ki!	Уже так поздно!	úje tak pózna!
On beş dakika sonra.	Через пятнадцать минут.	çérez pitnátsat minút.
Saat dokuz olmuş!	Уже девять часов!	úje dévit çasóf!
Saatim on dakika geri (ileri).	Мои часы отстают (спешат) на десять минут.	mayi çasì atstayút (spişát) na désit minút.
Saatim durmuş.	Мои часы остановились.	mayi çasì astanavílis.
Zamanımız çok.	У нас много времени.	u nas mnóga vrémeni.
O bugün gecikecek.	Сегодня он опаздывает.	sivódniya on apázdıvayet.
Erken gelmedim değil mi?	Я не слишком рано?	ya ni slíşkam rána?
Geciktiniz.	Вы опоздали.	vı apázdali.

Saat sorma-söyleme

Ne kadar sürer?	Сколько времени продлится?	skólka vrémeni pradlítsa?
Biraz bekleyin lütfen.	Подождите немного, пожалуйста.	padajdíte nimnóga pajálusta.
Yarım saat önce.	Полчаса назад.	polçasá nazád.
Acele edin!	Потoропитесь!	patarapítes!
Çabuk!	Быстрее!	bıstreye!
Bir dakika!	Минуточку!	minútoçku!
Sabahleyin.	Утром.	útrom.
Akşamleyin.	Вечером.	véçeram.
Geceleyin.	Ночью.	nóçyu.
Bugün .	Сегодня.	sivódniya
Şu anda.	В данный момент.	v dánnıy mamént.
Gün ortası.	Полдень	pólden
Gece yarısı.	Полночь	pólnoç
Sonra.	Позже	pózje.
Hemen şimdi.	Прямо сейчас	priyáma siçás.
Kaç saat sonra?	Через сколько часов?	çérez skólka çasóf?

Pazartesiden pazara kadar.	С понедельника по воскресенье.	sı panidélnika pa voskresénye.
İlk gün pazartesidir.	Первый день - это понедельник.	pérvıy den éta panidélnik.
Bir hafta, yedi gündür.	Неделя состоит из семи дней.	nidelya sastait iz simi dıney.
Pazartesiden cumartesiye kadar çalışıyoruz.	Работаем с понедельника по субботу.	rabótayem sı panidélnika pa subbótu.
Pazartesi	понедельник	ponidélnik
Salı	вторник	vtórnik
Çarşamba	среда	sredá
Perşembe	четверг	çetvérg
Cuma	пятница	piyátnitsa
Cumartesi	суббота	subbóta
Pazar	воскресенье	voskresénye

Aylar

Ocak	Январь	yanvár
Şubat	Февраль	fevrál
Mart	Март	mart
Nisan	Апрель	aprél
Mayıs	Май	may
Haziran	Июнь	iyún
Temmuz	Июль	iyúl
Ağustos	Август	ávgust
Eylül	Сентябрь	sentyábr
Ekim	Октябрь	oktyábr
Kasım	Ноябрь	noyábr
Aralık	Декабрь	dekábr

Tarih

Rusça'da tarih söylenirken sıralı sayılar kullanılır: birinci Mayıs, sekizinci Mart...

Geçmişten bahsederken:

yıl	год / лет	god/let
yüzyıl	век	vek
başında	начало	naçálo
ortasında	середина	seredína
sonunda	конец	kanéts

iki hafta sonra	Через две недели	çérez dve nidéli
sonra	после	pósli
benden sonra	После меня	pósli minya

Bugünün tarihi ne?	Какое сегодня число?	kakóye sivódniya çisló?
Mayısın 1'i.	Первое мая.	pérvoe máya.
Martın 8'i.	Восьмое марта.	vasmóe márta.
Bugün günlerden nedir?	Какой сегодня день недели?	kakóy sivódniya den nidéli?
Bugün cuma.	Сегодня пятница.	sivódniya piyátnitsa.
Bugün pazartesi.	Сегодня понедельник.	sivódniya panidélnik.
14 Şubat'a kadar.	До четырнадцатого февраля.	do çetìrnatsatava fevrala.
Geçen yıl eylülün başında.	В начале сентября прошлого года.	v naçále sintyábrya próşlova góda.
Kasıma kadar.	До ноября.	da nayábrya.
Önümüzdeki ay.	Следующий месяц.	slédușiy mésits.
Geçen ayın 12'sinde geldim.	Я приехал двенадцатого числа прошлого месяца.	ya priyéhal dvinátsatava çisla próşlova mésitsa.
yarın	завтра	záftra
dün	вчера	fıçerá
her gün	каждый день	kájdıy den
son beş gündür	последние пять дней	paslédnie piyat dney
gelecek hafta	следующая неделя	slédușaya nidélya
on gün içinde	в течении десяти дней	fı tiçéniye desiti dney
bir ay önce	месяц тому назад	mésits tamu nazád
geçen pazartesi	в прошлый понедельник	fı próşlıy panidélnik

Tarih

gelecek cuma	следующая пятница	sléduşaya piyátnitsa
yarın sabah	завтра утром	záftra útrom
dün akşam	вчера вечером	fıçirá véçıram
öbür gün saat beşte	в пять часов послезавтра	fı piyat çasóf poslizáftra
evvelsi gün akşam	позавчера вечером	pozafıçerá véçiram
yakında (yakın zamanda)	скоро	skóra
şimdilik	пока	paká
gün boyu	целый день	tsélıy den
günlük	ежедневный	yjednévnıy
haftalık	еженедельный	yejenidélnıy
aylık	ежемесячный	yejemésıçnıy
şimdi	сейчас	síças
bazen	иногда	inagdá
sık sık	часто	çásta
daima	всегда	fsegdá
asla	никогда	nikagdá
erken	рано	rána
geç	поздно	pózna
tam zamanında	во время!	vó vremya!
şubatta	в феврале	vı fevralé
martta	в марте	v marte

İlk Temaslar

Rusça konuşuyor musunuz?
Вы говорите по-русски?
vı gavaríte pa rúski?

Nerelisiniz?
Откуда Вы родом?
otkúda vı ródom?

Hitap şekilleri

Rusçada bay ve bayan hitap kelimeleri pek kullanılmaz.
Bunun yerine kişinin adı - biliniyorsa - soyadıyla birlikte söylenir.
Sergey Sergeyeviç ya da Anna İvánovna gibi ...
Kişinin adı bilinmiyorsa kadına jénşina erkeğe muşína diye seslenebilirsiniz.

Rusça konuşurken cinsiyet önemlidir!

Rusça kelimelerin cinsiyeti konuşmalarda önemlidir. Cinsiyetinize göre söyleyecekleriniz farklılık gösterebilir. Bu yüzden erkek ya da kadın oluşunuza göre fiillerin geçmiş zamanını söylerken aşağıdaki kurala dikkat edin:

İsterdim ki...
Ya bı hatél - *erkek söyler*
Ya bı hatéla - *kadın söyler*

Şehirde gezdim.
Ya gulyál po gorádu - *erkek söyler*
Ya gulyála po gorádu - *kadın söyler*

Bay	Господин	gaspadín
Bayan	Госпожа	gaspajá
Beyefendi!	Мужчина!	muşína!
Hanımefendi!	Женщина!	jenşína!
Genç bayan! (Küçük hanım)	Девушка!	dévuşka!
Delikanlı!	Юноша!	yúnaşa!

Garson!	Официант!	afitsánt!
Sayın ...	Уважаемый	uvajáyemıye
Sayın Bay ...	Уважаемый господин ...	uvajáyemıy gaspadín ...
Sayın Bayan ...	Уважаемая госпожа ...	uvajáyemaya gaspajá ...
Sayın Bay ve Bayanlar!	Уважаемые дамы и господа!	uvajáyemıye dámı i gaspadá!
Canım!	Дорогой	daragóy
Sevgili Arkadaşlarım!	Дорогие друзья!	daragíye druzyá!

Soru kalıpları

Ne?	Что?	şto?
Kim?	Кто?	kto?
Niçin?	Почему?	paçemú?
Nasıl?	Как?	kak?
Kimi?	Кого?	kavó?
Kime?	Кому?	kamú?
Kiminle?	С кем?	sıkem?
Kimin?	Чей?	çey?
Hangi?	Который?	katórıy?
Nereye?	Куда?	kudá?
Nerede?	Где?	gıde?
Nereden?	Откуда?	atkúda?
Ne zaman?	Когда?	kagdá?
Ne oldu?	Что случилось?	şto sluçílas?
Ne var?	В чем дело?	fı çom déla?
Kaç tane?	Сколько?	skólka?
Bu kim?	Кто это?	kto éta?
Kaç kere?	Сколько раз?	skólka raz?
Ne istiyorsunuz?	Что Вы хотите?	şto vı hatíte?
Kimi arıyorsunuz?	Кого Вы ищете?	kavó vı íşite?
Onu nerede bulabilirim?	Где я могу его найти?	gde ya magu yevo naytí?
Size kim söyledi?	Кто Вам это сказал?	kto vam éta skazál?
Ne demek istiyorsunuz?	Что Вы имеете в виду?	şto vı iméyete v vidu?

Hoşunuza gitmedi mi?	Вам это не нравится?	vam éta ni nrávitsa?
Bana bir iyilik yapabilir misin?	Не могли бы Вы оказать мне услугу?	ni magli bı vı akazát mınye uslúgu?
Kaleminizi verebilir misiniz?	Не дадите мне Вашу ручку?	ni dadíte mınye váşu rúçku?
Sigara içiyor musunuz?	Вы курите?	vı kúrite?
Sigara içebilir miyim?	Разрешите прикурить?	razreşíte prikurít?
Lütfen bagajıma göz kulak olur musunuz?	Вы не посмотрите за моим багажом?	vı ni pasmatríte za mayim bagajóm?
Yardım etmeme izin verin lütfen.	Разрешите помочь Вам.	razreşíte pamoç vam.
Nerelisiniz?	Откуда Вы?	otkúda vı?
Milliyetiniz nedir?	Кто Вы по национальности?	kto vı pa natsianálnasti?

Rusça'da cinsiyet

İsimler cinslerine ve son harflerine göre üçe ayrılır: eril, orta, dişil cins. Fiziki cinsiyete göre, kelimenin son harfine göre cinsiyet alır. İstisnalar dışında isimlerin cinsiyeti aşağıdaki tabloya göre belirlenebilir. Bu kural Rusçada en sık işletilen kurallardan biridir. Yabancı kelimesinin karşılığı erkek söylerken inostránets, bayan söylerken inostránka olur.

Cins	1. Grup	2. Grup	3. Grup	
Eril cins	sonu sessiz harf стул, студент	sonu -й, -ий музей, герой,	sonu -ь день, учитель	
Orta cins	sonu "о" harfi пальто, окно	sonu -я, -ия, -я армия, семья	sonu -ь ночь, мать,	sonu -е, -ие, -ье поле, здание
Dişil cins	sonu "а" harfi сумка, ручка	sonu -е, -ие, -ье поле, здание	sonu -мя имя, время	sonu -я, -ия, -я армия, семья

Siz **Türkçe** konuşuyor musunuz?	Вы говорите **по-турецки**?	vı gavaríte **pa turétski?**
İngilizce	по-английски	pa anglíyski
Almanca	по-немецки	pa nimétski
Fransızca	по-французски	pa frantsúzki

Söyleneni anlama-dil bilme

Lütfen Latin harfleri ile yazın.	Пожалуйста, пишите латинским шрифтом.	pajálusta pişíte latínskim şríftam.
Okuyabiliyorum.	Я умею читать по-русски.	ya uméyu çitát pa rúski.
İngilizce bilmiyorum.	Я не говорю по-английски.	ya ni gavaryu pa anglíyski.
Rusçayı iyi konuşamıyorum.	Я нехорошо говорю по-русски.	ya niharaşó gavaryu pa rúski.
Rusça bilmiyorum.	Я не говорю по-русски.	ya ni gavaryu pa rúski.
Lütfen yavaş konuşabilir misiniz?	Говорите медленнее, пожалуйста?	gavaríte médlenneye pajálusta?
Beni anlıyor musunuz?	Вы меня понимаете?	vı minyá panimáyete?
Sizi anlamıyorum.	Я Вас не понимаю.	ya vas ni panimáyu.
Anlıyorum.	Понимаю.	panimáyu.
Biraz biliyorum.	Чуть-чуть.	çut çut.
Tekrar eder misiniz lütfen!	Повторите, пожалуйста!	paftaríte pajálusta!
Anlamadım.	Не понял.	ni pónyal.
Daha yüksek sesle konuşun lütfen.	Говорите громче, пожалуйста.	gavaríte grómçe pajálusta.
Bu ne demek?	Что это значит?	şto éta znáçit?

Söyleneni anlama-dil bilme

Bu kelime nasıl telaffuz edilir?	Как произносится это слово?	kak praiznósitsya éta slóva?
Bu nasıl yazılıyor?	Как оно пишется?	kak ano pişetsa?
Ne dediniz?	Что вы сказали?	şto vı skazáli?
Beni yanlış anladınız.	Вы меня неправильно поняли.	vı minyá ni právilna pónyali.
Sözlükte gösterir misiniz?	Покажите в словаре.	pakajíte fı slavaré.
Bize tercüman lazım.	Нам нужен переводчик.	nam nújen perevódçik.

Selamlaşma

Günaydın!	Доброе утро!	dóbroe útra!
İyi günler!	Добрый день!	dóbriy den!
İyi akşamlar!	Добрый вечер!	dóbriy véçır!
Hoş geldiniz!	Добро пожаловать!	dobró pajálavat
Merhaba!	Здравствуйте!	zdrástvuyte!
Selam!	Привет!	privét!
Sizi gördüğüme sevindim.	Я рад Вас видеть.	ya rád vas vídet
Nasılsınız?	Как Ваши дела?	kak váşi delá?
İyiyim, teşekkürler!	Спасибо, хорошо!	spasíba haraşó!
Siz nasılsınız?	А как Вы?	a kak vı?
İdare eder.	Так себе.	tak sibyé.

Rus isimleri ad, baba adı ve soyadından oluşur. Nikolay Vıçislávoviç Rastargúyev'in, Vıçislav'ın oğlu Nikolay olduğunu anlarız. Bu kişinin soyadı Rastargúyev'dir. Bir yabancı ya da bir büyüğümüz olarak Nikolay'a Nikolay Vasílyeviç diye hitap etmeliyiz. Yalnızca soyadını duyduğumuzda, bunun bir erkek ya da kadına ait olduğunu da anlamak mümkündür. Örneğin, Medvédev soyadı bir erkeğe, Medvédeva ise bir kadına aittir.

Adınız ne?	Как Вас зовут?	kak vas zavút?
Benim adım Deniz.	Меня зовут Deniz.	minyá zavút deniz.
Soyadım ...	Моя фамилия ...	maya famílya ...
Onun adı nedir?	Как её зовут?	kak yiyo zavút?
Onun adı Sveta.	Её зовут Света.	yiyo zavút svéta.
Onun adı nedir?	Как его зовут?	kak yivo zavút?
Onun adı Viktor.	Его зовут Виктор.	yivo zavút víktor.
Memnun oldum!	Очень приятно!	óçin priyátna!
Sizi tanıştırayım.	Познакомьтесь.	paznakómtes.
Nereden geldiniz?	Откуда Вы приехали?	atkúda vi priyéhali?

Ruslar, isimleri samimiyet derecelerine, ilişki düzeyine göre kısaltmayı, şirinleştirmeyi sıkça yaparlar. Örneğin arkadaşınıza yeni tanıştığı birinin Tatyána, öğretmeninin Tánya, annesinin Tániçka, kız arkadaşlarının Tanyúşa, Tánka ya da Táta dediğini duyabilirsiniz.

Kendini tanıtma

Benim **cep** telefonum ...	Вот мой **мобильный** телефон.	vot moy **mobílniy** telefón.
ev	домашний	damáşniy
iş	рабочий	rabóçiy

Türkiye'den geldim.	Я приехал из Турции.	ya priyéhal iz túrtsii.
İş için geldim.	Я приехал по делам.	ya priyéhal pa dilám.
Turist olarak geldim.	Я приехал как турист.	ya priyéhal kak turíst.
Sizinle tanışmak istiyorum.	Я хочу с Вами познакомиться.	ya haçu sıvámi pazanakómitsa.
Tekrar görüşmek üzere.	До следующей встречи.	da sléduyuşiy vıstréçi.
Nerelisiniz?	Откуда Вы родом?	atkúda vı ródom?
Milliyetiniz ne?	Кто Вы по национальности?	kto vı pa natsianálnasti?
Ben Türk'üm.	Я турок.	ya túrok.
Benim babam Türk.	Мой отец турок.	moy atéts túrok.
Karım Özbek.	Моя жена узбечка.	maya jena uzbéçka.
Annem Tatar.	Моя мама татарка	maya máma tatárka.
Ben (biz) Türkiye'denim.	Я (мы) из Турции.	ya (mı) iz túrtsii.
Lütfen tanışın! Bu arkadaşım.	Познакомьтесь, пожалуйста! Это мой друг.	paznakómtes pajálusta! éta moy drúg.

Meslekler

Nerede çalışıyorsunuz?	Где Вы работаете?	gıde vı rabótayete?
Fabrikada.	На заводе.	na zavóde.
Ofiste.	В конторе.	fı kantóre.
Üniversitede.	В университете.	v universitéte.
Mesleğiniz nedir?	Кто Вы по профессии?	kıto vı pa proféssiyi?
Ben iş adamıyım.	Я бизнесмен.	ya biznısmén.
Ben doktorum.	Я работаю врачом.	ya rabótayu vraçóm.
aşçı	повар	póvar
asker	солдат	saldát
avukat	адвокат	advakát
bakkal	продавец в магазине	pradavéts vı magazíne
bankacı	банкир	bankír
berber	парикмахер	parikmáher
boyacı	моляр	molyár
çiftçi	земледелец	zemledélets
çilingir	слесарь	slesár
diş hekimi	стоматолог	stomatólog
doktor	врач / доктор	vraç / doktor
eczacı	фармацевт	farmatséft
emekli	пенсионер	pensionér
ev hanımı	домохозяйка	domahazáyka

Meslekler

fotoğrafçı	фотограф	fotóqraf
garson	официант	ofitsánt
gazeteci	журналист	jurnalíst
gümrük memuru	таможенник	tamójennik
hemşire	медсестра	medsistrá
hostes	стюардесса	styuardéssa
iş adamı	бизнесмен	biznısmén
işçi	рабочий	rabóçiy
itfaiyeci	пожарник	pajárnik
kitapçı	продавец книг	prodavéts kníg
kuaför	парикмахер	parikmáher
kuyumcu	ювелир	yuvilír
marangoz	плотник	plótnik
memur	госслужащий	gosslújaşiy
mimar	архитектор	arhitéktor
muhabir	репортёр	repartör
muhasebeci	бухгалтер	bugálter
mühendis	инженер	injenér
noter	нотариус	notárius
müzisyen	музыкант	muzıkánt
öğretmen	преподаватель	prepodavátel
polis	полицейский	politséyskiy

Burçlar

Ruslar, burçlar ve astroloji ile yakından ilgilenirler. Bu yolla belki de henüz tanıştıkları insanlar hakkında hızlıca karakter analizi yaparlar. Bu nedenle burcunuzu öğrenmeniz belki de burçlarla ilgili genel olarak bilgi sahibi olmanız faydalı olabilir.

Burcunuz nedir?	Кто вы по знаку зодиака?	kto vı po znáku zódiaka?
Benim burcum ...	Мой знак ...	moy znak ...
Koç	Овен	óven
Boğa	Телец	télets
İkizler	Близнецы	bliznitsì
Yengeç	Рак	rak
Aslan	Лев	lev
Başak	Дева	déva
Terazi	Весы	vesì
Akrep	Скорпион	skórpion
Yay	Стрелец	strélets
Oğlak	Козерог	kozeróg
Kova	Водолей	vadaléy
Balık	Рыбы	rìbı

Aile-akrabalar

Erkek kardeşiniz var mı?	У вас есть брат?	u vas yest brat?
Kız kardeşiniz var mı?	У вас есть сестра?	u vas yest sistra?

akraba	родственник	ródstvennik
amca	дядя	diyádya
anne	мать / мама	mat / máma
anneanne	бабушка	bábuşka
baba	отец / папа	atéts / pápa
babaanne	бабушка	bábuşka
büyükbaba, dede	дедушка	déduşka
dayı	дядя	diyádya
dul	вдовец	vıdavéts
ebeveyn	родители	radíteli
eş	супруг	suprúg

gelin	невеста	nivésta
görümce	золовка	zalóvka
damat	жених	jeníh
kardeş (erkek)	брат	brát
kardeş (kız)	сестра	sistrá
karı (eş)	жена	jená
kayın	деверь	déver
kayınpeder	тесть	test
kaynana	теща	tö'şa
kız evlat	дочь	doç
koca	муж	muş
kuzen (erkek)	двоюродный брат	dvayúrodnıy brát
kuzen (kız)	двоюродная сестра	dvayúrodnaya sistrá
nişanlı	обрученный	abruçónnıy
oğul	сын	sın
öz	родной	radnóy
teyze - hala	тетя	tyotya
torun (erkek)	внук	vnúk
torun (kız)	внучка	vnúçka
yeğen (erkek)	племянник	plemyánnik
yeğen (kız)	племянница	plemyánnitsa
yenge	невестка	nivéstka
yetim	сирота	siratá

Aile-ilişkiler

Nerede doğdunuz?	Где Вы родились?	gıde vı radilis?
İstanbul'da doğdum.	Я родился в Стамбуле.	ya radílsa v stambule.

Erkeğe sorulur:

Evli misiniz?	Вы женаты?	vı jenátı?
Hayır evli değilim.	Нет, я не женат.	niyet, ya ni jenát.
Evliyim.	Я женат.	ya jenát.

Kadına sorulur:

Evli misiniz?	Вы замужем?	vı zamújım?
Hayır evli değilim.	Нет, я незамужем.	niyet, ya ni zamújim.
Evliyim.	Я замужем.	ya zamújım.

Benim karım öğretmen.	Моя жена учительница.	maya jená uçítelnitsa.
O, kocasından boşanmış.	Она развелась со своим мужем.	ana razvilás sa svayim mújım.
Çocuklarınız var mı?	У Вас есть дети?	u vas yest déti?
Kız kardeşleriniz var mı?	У Вас есть сёстры?	u vas yest syóstrı?
Erkek kardeşleriniz var mı?	У Вас есть братья?	u vas yest brátya?
Kaç çocukları var?	Сколько у них детей?	skólka u nih ditéy?
İki çocukları var, kız ve oğlan.	У них двое детей, дочь и сын.	u nih dvóye ditéy, doç i sın.

Yaş

Kaç yaşındasınız?	Простите, сколько Вам лет?	prastíte, skólka vam let?
20 yaşındayım.	Мне двадцать лет.	mınye dvátsat let.
O kaç yaşında?	Сколько ему/ей лет?	sıkólka yemu/yey let?

Bir başkasının yaşı söylenirken ...

O 20 yaşında.	Ему / ей 20 лет.	yemu / yey dıvátsat let.

erkekler için Ему (yemu),
bayanlar için Ей (yey) kullanılır.
erkek için; Ему двадцать лет. / Yemu dıvátsat let.
bayan için; Ей двадцать лет. / Yey dıvátsat let.

Çok genç görünüyorsunuz!	Вы очень молодо выглядите!	vı óçin móloda vìglidite!
Sizden yaş olarak büyüğüm.	Я старше Вас.	ya stárşe vas.
Sizden altı yaş küçüğüm.	Я младше Вас на 6 лет.	ya mládşe vas na şest let.
büyük	старший	stárşıy
küçük	младший	mládşıy
yaş	возраст	vózrast
yaşıt	ровесник	ravésnik
genç	молодой	maladóy
ihtiyar	старый	stárıy
yaşlı	пожилой	pajilóy
olgun	зрелый	zrélıy

Vedalaşma

Görüşmek üzere.	До свидания.	dasvidánya.
Görüşürüz!	Пока!	paka!
Elveda!	Прощайте!	praşáyte!
İyi geceler!	Спокойной ночи!	spakóyniy nóçi!
Güle güle!	Счастливо!	şistlíva!
En kısa sürede görüşmek üzere.	До скорой встречи.	da skóray vıstréçi.
Gitmeliyim.	Я должен идти.	ya dóljın idti.
Çabuk dönün.	Возвращайтесь поскорее.	vazvraşáytes paskaréye.
Yarın görüşmek üzere!	До завтра!	da záftra!
Yakında görüşmek üzere!	До скорой встречи!	da skóroy vstréçi!
İyi yolculuklar!	Счастливого пути!	şistlívavo puti!
İyi şanslar! [başarılar]	Удачи!	udáçi!

Eşinize selam söyleyin!	Передавайте привет вашей **жене!**	peredáyte privét váşey **jené!**
Annenize	матери	máteri
Çocuklarınıza	детям	détyam
Anne babanıza	родителям	radítelyam

İyi uykular.	Хороших снов.	haróşıh snof.
Tatlı rüyalar.	Сладких снов.	sıládkih snof.

Teşekkür etme-özür dileme

Teşekkür ederim.	Спасибо.	spasíba.
Çok teşekkür ederim.	Большое спасибо.	balşóye spasíba.

Rusça'da
"çok teşekkür ederim" derken:
Большое спасибо / **balşóe** spasíba
"çok naziksiniz" derken:
Вы **очень** вежливы / vı **óçin** véjlivı

Bir şey değil.	Не за что.	ni zaşto.
Yardımınız için teşekkürler.	Спасибо за Вашу помощь.	spasíba za váşu pómoş.
Davetiniz için teşekkür ederim.	Спасибо за приглашение.	spasíba za priglaşéniye.
Rica ederim.	Пожалуйста.	pajálusta.
Fark etmez.	Без разницы.	bez ráznitsı.
Boşver! (önemseme)	Не обращай внимания!	ni abraşáy vnimániya!
Teşekküre gerek yok.	Не стоит благодарности.	ni stoit blagadárnısti.
Hayır. Teşekkürler!	Нет. Спасибо!	niyet. spasíba!
Affedersiniz!	Извините! [простите]	izviníte! [prastíte]
Önemli değil.	Не важно.	ni vájna.
Rahatsız ettiğim için özür dilerim.	Извините меня за беспокойство.	izviníte minyá za bezpakóystva.
Sizi kırmak istemedim.	Я не хотел вас обидеть.	ya ni hatél vaz abídit.
Çok üzgünüm.	Мне очень жаль.	mınye óçin jal.

Nezaket sözleri

Rica, müsaade.	Просьба, позволение.	prósba, pozvaléniye.
Mümkün mü?	Можно?	mójna?
Bir şey sorabilir miyim?	Я хотел бы у вас кое-что спросить?	ya hatél bı u vas koe-şto sprasít?
Bir şey rica edebilir miyim?	Я хотел бы вас о чем-то попросить?	ya hatél bı vas a çóm-ta paprasít?
Lütfen müsaade ediniz!	Разрешите, пожалуйста!	razreşíte pajálusta!

Girebilir miyim?	можно? mojna	... войти ... vaytí
Sigara içebilir miyim?		... закурить ... zakurít
Bakabilir miyim?		... посмотреть ... pasmatrét
Oturabilir miyim?		... сесть здесь ... sıyest zdés

Bana yardım edebilir misiniz?	Не могли бы Вы мне помочь?	ni magli bı vı mınyé pamóç?
Memnuniyetle.	С удовольствием.	sudavólstviyem.
Çok naziksiniz.	Вы очень вежливы.	vı óçin véjlivı.

Çok güzelsiniz.	Вы очень красивая.	vi óchen krasívaya.
Buraya yalnız mı geldiniz?	Вы приехали сюда одна?	vi priyéhali suda odná?
Senden hoşlandım.	**(Erkek söyler)** Ты мне понравилас. ti mınye panrávilas.	**(Kadın söyler)** Ты мне понравился. ti mınye panrávilsya.
Erkek arkadaşın var mı?	У тебя есть парень?	u tebya yest páren?
Ne zaman buluşabiliriz?	Когда мы встретимся?	kagdá mı vstrétimsya?
Sizi restorana davet edebilir miyim?	Разрешите пригласить вас в ресторан?	razreşíte priglasít vas vı ristarán?
Yarın görüşürüz!	Завтра увидимся!	záftra uvídimsa!
Seni seviyorum.	Я тебя люблю.	ya tibya lyublyú.
Kendine iyi bak.	Береги себя.	beregí sibya.
Seni kıskanıyorum.	Я ревную тебя.	ya revnúyu tibya.
Canım!	Дорогая моя!	daragáya maya!
Aşkım!	Любимая моя!	lubímaya maya!
Bebeğim!	Малыш мой!	malış moy!
Güneşim!	Солнце мое!	sólntse mayo!
Kalbim benim!	Сердце мое!	sértse mayo!
Tatlım!	Сладкая моя!	sládkaya maya!

İltifat etme

Bir tanem!	Единственная моя!	yedínstvennaya maya!
Papatyam!	Моя ромашка!	maya ramáşka!
Seni özlüyorum.	Я скучаю по тебе.	ya skuçáyu pa tibye.
Sana sarılmak istiyorum.	Я хочу тебя обнять.	ya haçu tibye abniyát.
Seni öpmek istiyorum.	Я хочу тебя поцеловать.	ya haçú tibye patselavát.
Rüyanda beni gör.	Увидь меня во сне.	uvid minya vasne.
Rüya gördüm.	Мне приснился сон.	mınye prisnílsa son.
Seni rüyamda gördüm.	Я видел тебя во сне.	ya vídıl tibya vasné.

Bize de buyurun.	Приходите к нам.	prihádite kınam.
Bu akşam bize buyurun.	Заходите к нам сегодня вечером.	zahadíte kınam sivódniya véçiram.
Pazar günü bize bekleriz.	Будем ждать в воскресенье.	búdim jıdat vı voskresénye.
Doğum günüme beklerim.	Буду ждать на свой день рождение.	búdu jıdat na sıvoy den rajdéniya.
Akşam yemeğine buyurun.	Приглашаю на ужин.	priglaşáyu na újın.
Saat altıda buluşalım.	Встретимся в шесть часов.	vıstrétimsa fı şest çasóf.
Nerede buluşalım?	Где встретимся?	gıde vıstrétimsa?
burada	Здесь	zdés
buralarda bir yerde	Где-то здесь	gıdéta zdés
her yerde	Везде	vezdé
heykelin orada	У памятника	u pámitnika
hiçbir yerde	Нигде	nigıdé
köşede	На углу	na uglú.
köşeyi dönünce	За углом	za uglóm
mağazalar sağda	Магазины справа	magazínı správa
meydanda	На площади	na plóşadi
müze solda	Музей слева	muzéy sléva
otelin yanında	Рядом с отелем	ryádım sı otélem
otobüs durağında	На автобусной остановке	na aftóbusnıy astanófke

Davet etme

Seni metronun yanında bekleyeceğim.	Буду ждать тебя около метро.	búdu jdat tibya ókola metró.
uzak	Далеко	dalekó
yakın	Близко	blízka
Uğrayın!	Заходите!	zahadíte!
Sizi öğle yemeğine davet etmek istiyorum.	Хочу пригласить Вас на обед.	haçu priglasít vas na abéd.
Ne zaman isterseniz arayabilirsiniz.	Звоните, когда угодно.	zıvaníte kagdá ugódna.
Birlikte kulübe gidelim mi?	Давай пойдём с нами в клуб.	davay paydiyom sınámi fı klúb.
Dans etmek ister misiniz?	Хотите потанцевать?	hatíte patantsevát?
Kahve içer misiniz?	Не хотите выпить кофе?	ni hatíte vìpit kófe?
Gezmek ister misiniz?	Не хотите ли прогуляться?	ni hatíte li pragulyátsa?
Başka zaman.	В другой раз.	v drugóy raz.

Kabul etme-reddetme

Evet.	да	da
Kesinlikle!	да, действительно	da, distvítelna
Doğru.	да, верно	da, vérna
Her şey yolunda.	все в порядке	fsö fı paryádki
Buna eminim.	я в этом уверен	ya v étam uvérin
Kesinlikle eminim.	я в этом абсолютно уверен	ya v étam absalútna uvérin
Anlaşıldı.	понятно	panyátna
Belki de...	наверно.	navérna
Tamam.	ладно, хорошо	ládna
Çok iyi.	очень хорошо	óçin haraşó
İyi düşünce.	Это хорошая идея.	éta haróşaya idéya.
Tamamen aynı fikirdeyim.	Я с Вами полностью согласен.	ya sıvámi pólnostyu saglásin.
Memnuniyetle.	С удовольствием.	sudavólstviyem.
Bu işte bir iş var.	В этом что-то есть.	v étam şto-ta yest.
İtirazım yok.	Не возражаю.	ni vazrajáyu.
Sizinle aynı fikirdeyim.	Я согласен с Вами.	ya saglásin sı vámi.
Elbette!	конечно	kanyéşna
Olabilir!	может быть	mójıt bıt
Olamaz!	не может быть	ni mójıt bıt

Kabul etme-reddetme

Olur (mümkün).	можно	mójna
İmkânsız!	невозможно	nivazmójna
Hayır.	нет	niyét
Elbette hayır!	конечно, нет	kanyéşna niyét
Öyle değil.	это не так	éta ni tak
Yanılıyorsunuz.	вы ошибаетесь	vı aşibáyetes
Sizinle aynı fikirde değilim.	Я не согласен с Вами.	ya ni saglásin sı vámi.
Ben öyle düşünmüyorum.	Я так не думаю.	ya tak ni dúmayu.
Hayır, size söyleyemem.	Нет, я не смогу сказать Вам.	niyet ya ni smagú skazát vam.
Ben farklı düşünüyorum.	Я другого мнения.	ya drugóva mınéniye.
Hiçbir şey olmaz!	Ничего не выйдет!	niçivó ni vìydit!
Hayatta olmaz!	Ни за что на свете!	ni za şto na svéte!
Sanırım yanılıyorsunuz.	По-моему, вы ошибаетесь.	pa móyemu vı aşibáyetes.
Mevzu o değil.	Не в этом дело.	ni vı étam déla.
Buna anlam veremiyorum.	Не вижу в этом смысла.	ni víju v étam smìsla.
Ben karşıyım.	Я против.	ya prótif.
Asla!	Никогда.	nikagdá.

Tebrik etme-iyi dilekte bulunma

Mutluluklar!	Счастливо!	şistlíva!
Bol şans!	Удачи!	udáçi!
En iyi dileklerimle!	Всего доброго!	fsivo dóbrava!
Başarılar dilerim!	Желаю вам успехов!	jeláyu vam uspéhof!
Doğum günün kutlu olsun!	С днем рождения!	s dnyóm rajdéniya!
Yeni yılınız kutlu olsun!	С новым годом!	s nóvım gódam!
Mutluluklar dilerim!	Желаю Вам счастья!	jiláyu vam şástya!
Bol şans dilerim!	Желаю Вам удачи!	jeláyu vam udáçi!
Sıhhatler olsun! (banyodan sonra)	С лёгким паром!	s löhkim páram!
Aferin!	Молодец!	maladéts!
Tebrikler!	Поздравляю!	pazdravlyáyu!
Sağlığınıza! (kadeh kaldırırken)	За Ваше здоровье! (тост)	za váşe zdaróvye! (tost)
Şerefe!	За здоровье!	za zdaróvye!
Dostluğumuza!	За дружбу!	za drújbu!
İş birliğimize!	За сотрудничество!	za satrudníçestva!
Sizi kutlarım!	Поздравляю Вас!	pazdravlyáyu vas!
İyi istirahatler!	Желаю Вам хорошо отдохнуть!	jeláyu vam haraşó atdahnút!
İyi tatiller!	Желаю Вам хорошо провести отпуск!	jeláyu vam haraşó provistv ótpusk!
İyi yolculuklar!	Счастливого пути!	şistlívava putí!
İyi şanslar!	Желаю успеха!	jeláyu uspéha

Niçin?-çünkü

Niçin partiye gelmiyorsunuz?	Почему Вы не идете на вечеринку?	paçimú vı ni idyóte na veçerínku?
Vaktim yok.	Потому что у меня нет времени.	patamúşta u minyá niyet vrémeni.
Yorgunum.	Потому что я устал.	patamúşta ya ustál.
Geç oldu.	Потому что уже поздно.	patamúşta úje pózna.

Niçin votka içmiyorsun?	Почему ты не пьешь водку?	paçimú tı ni piyóş vódku?
Araba kullanacağım.	Потому что я буду водить машину.	patamúşta ya búdu vadit maşínu.
Ben alkol kullanmıyorum.	Я не употребляю алкоголь.	ya ni upatribliyáyu alkagól

Niçin et yemiyorsun?	Почему вы не едите мясо?	paçimú vı ni yedíte myása.
Çünkü ben vejetaryenim.	Потому что я вегетарианец.	patamúşta ya vegetariyánets.
Çünkü soğumuş.	Потому что остыло.	patamúşta astìla.
Aç değilim.	Я не голодный.	ya ni galódnıy.

Niçin pastadan yemiyorsun?	Почему Вы не едите торт?	paçimú vı ni yedíte tort?
Çünkü kilo vermem lazım.	Потому что я должен сбросить вес.	patamúşta ya dóljın zıbrósit ves.
Belki sonra.	Может по позже.	mójıt pa póje.

Arkadaşım Hans, Almanyalı.	Мой друг Ханс из Германии.	moy drúg hans iz germániyi.
Peter ve Muşa Berlinli.	Петер и Муша из Берлина.	peter i muşa iz berlina.
Ben Ankaralıyım.	Я из Анкары.	ya iz ankarì.
Ankara Türkiye'nin başkentidir.	Анкара, столица Турции.	ankara, stalítsa túrtsii.
Avrupa	Европа	yevrópa
Afrika	Африка	áfrika
Almanya	Германия	germániya
Amerika (ABD)	Америка (США)	amérika (se-şe-a)
Arnavutluk	Албания	albániya
Asya	Азия	áziya
Avustralya	Австралия	avsrtáliya
Avusturya	Австрия	avstríya
Belçika	Бельгия	bélgiya

Ülkeler

Beyaz Rusya	Белоруссия	belarússiya
Birleşik Arap Emirlikleri	Арабские эмираты	arábskie emirátı
Bosna Hersek	Босния	bósniya
Brezilya	Бразилия	brazíliya
Bulgaristan	Болгария	balgáriya
Cezayir	Алжир	aljír
Çek Cumhuriyeti	Чехия	çéhiya
Çin	Китай	kitáy
Danimarka	Дания	dániya
Ekvator	Эквадор	ekvadór
Estonya	Эстония	estóniya
Fas	Марокко	morókko
Filistin	Палестина	palestína
Finlandiya	Финляндия	finlándiya
Fransa	Франция	frántsiya
Güney Afrika	Южная Африка	yújnaya áfrika
Hırvatistan	Хорватия	harvátiya
Hindistan	Индия	índiya
Hollanda	Нидерланды	niderlándı
Irak	Ирак	irák
İngiltere	Англия	ángliya

İran	Иран	irán
İrlanda	Ирландия	irlándiya
İskoçya	Шотландия	şotlándiya
İspanya	Испания	ispániya
İsrail	Израиль	izráil
İsveç	Швеция	şvétsiya
İsviçre	Швейцария	şvetsáriya
İtalya	Италия	itáliya
Japonya	Япония	yapóniya
Kanada	Канада	kanáda
Kazakistan	Казахстан	kazahstán
Kenya	Кения	kéniya
Kore	Корея	karéya
Kuveyt	Кувейт	kuvéyt
Küba	Куба	kúba
Libya	Ливия	líviya
Litvanya	Литва	lítva
Lübnan	Лебанон	lebanón
Macaristan	Венгрия	véngriya
Makedonya	Македония	makedóniya
Meksika	Мексика	méksika
Mısır	Египет	egípet

Ülkeler

Nijerya	Нигерия	nigériya
Norveç	Норвегия	norvégiya
Özbekistan	Узбекистан	uzbekistán
Pakistan	Пакистан	pakistán
Polonya	Польша	pólşa
Portekiz	Португалия	portugáliya
Romanya	Румыния	rumìniya
Rusya	Россия	rassíya
Sırbistan	Сербия	sérbiya
Slovakya	Словакия	slovákiya
Suriye	Сирия	síriya
Tacikistan	Таджикистан	tadjikistán
Tayland	Таиланд	taylánd
Tayvan	Тайвань	tayván
Türkiye	Турция	túrtsiya
Türkmenistan	Туркменистан	turkmenistán
Ukrayna	Украина	ukrayína
Ürdün	Иордания	iyordániya
Venezuela	Венесуэла	venesuélla
Yeni Zelanda	Новая Зеландия	nováya zelándiya
Yunanistan	Греция	grétsiya

Konaklama

Hoş geldiniz!
Добро пожаловать!
dóbro pajálovat!

Nasıl yardımcı olabilirim?
Я могу Вам помочь?
ya magu vam pamóç?

Yerleşme

Rusya, Türk vatandaşlarına vize verirken otel rezervasyonu ve benzeri konaklama belgesi istiyor. Ancak bu belge ile gösterilen yerde değil de muhtemelen başka bir yerde konaklayacaksınız. Rusya'da çok çeşitli uluslararası otel zinciri mevcut. Bunlarda her türlü konforu bulmak mümkün. Moskova için kısa süreli konaklamalarınızda bir başka alternatif daha mevcut:

www.kiralikev.ru +7 (926) 628 45 11

İhtiyaç olduğunda göstererek adres sormak üzere bu rehberin son sayfasına, konakladığınız otelin ya da evin adresini Rusça olarak yazınız.

... otelinde rezervasyonum var.	Я забронировал номер в гостинице ...	ya zabraníroval nómer v gastínitsı ...
Beni bu adrese götürün lütfen.	Отвезите меня по этому адресу, пожалуйста.	atvizíte minyá pajálusta pa étamu ádresu.
Hangi otelde kalacağız?	В какой гостинице мы остановимся?	fı kakóy gastínitse mı astanóvimsa?
Benim adım ... Rezervasyonum var.	Меня зовут ... для меня забронирован номер.	minya zavút ... dilya minya zabronírovan nómer.
Bu otel kaç yıldızlı?	Какого разряда эта гостиница?	kakóva razryáda éta gastínitsa?
Şehir merkezine yakın bir otel istiyorum?	Мне нужна гостиница недалеко от центра?	mınyé nujná gastínitsa nidalekó at tséntra?

Otel çok pahalı olmasın?	Мне нужна неорогая гостиница?	mınye nújna nidaragáya gastínitsa?
Bana tek yataklı bir oda lazım.	Мне нужен одноместный номер.	mınye nújen adnoméstnıy nómer.
Bana çift yataklı bir oda lazım.	Мне нужен двухместный номер.	mınye nújen dvuhméstnıy nómer.

Odada **klima** var mı?	В номере есть **кондиционер**?	v nómere yest **konditsiyonér**?
vantilatör	вентилятор	ventilyátır
duş	душ	duş
telefon	телефон	telefón
televizyon	телевизор	televízar
buzdolabı	холодильник	haladílnik

Odanın fiyatı nedir?	Сколько стоить номер?	skólka stóit nómer?
Kahvaltı fiyata dahil mi?	Входит ли в стоимость завтрак?	vıhódit li fı stóimıst záftrak?
Çocuk için indirim var mı?	Есть ли скидки для детей?	yest li skídki dilya ditéy?
Çocuğum dört yaşında.	Ребёнку четыре года.	ribyónku çitiri góda.
Oda numarası kaç?	Какой номер комнаты?	kakóy nómer kómnatı?
Hangi katta?	На каком этаже?	na kakóm etajé?

Yerleşme

Odayı görebilir miyim?	Могу я посмотреть номер?	magú ya pasmatrét nómer?
Bu oda uygun. (uygun değil)	Этот номер мне подходит. (Не подходит)	état nómer mınye padhódit. (ne padhódit)

Daha **büyük** oda var mı?	Есть ли номер **побольше**?	yest li nómer **pabólşe**?
küçük	поменьше	paménşe
ucuz	подешевле	padişévli

Sadece kapora ödemek istiyorum.	Хочу только оставить залог.	haçú tólka astávit zalóg.
Ödemeyi ayrılırken yapmak istiyorum.	Я хочу оплатить при отъезде.	ya haçú aplatít pri atyézde.
Kredi kartıyla ödeme yapabilir miyim?	Могу я заплатить кредитной карточкой?	magú li ya zaplatít kréditnay kártıçkay?
Nakit ödeyeceğim.	Я плачу наличными.	ya plaçú nalíçnımi.
Beş gün kalmayı düşünüyorum.	Я думаю остановиться на пять дней.	ya dúmayu astanavítsa na piyat dnéy.

Buzdolabı çalışmıyor.	Холодильник не работает.	haladílnik ni rabótayet.
Lütfen garsonu gönderin.	Пришлите, пожалуйста, официанта.	prişlíte pajálusta afitsánta.
Bir paket sigara alabilir misiniz?	Вы можете купить мне пачку сигарет?	vı mójıte kupít mınye páçku sigarét?
Odayı temizler misiniz?	Можете убрать в комнате?	mójıte ubrát fı kómnate?

Bu eşyaları **yıkatmak** istiyorum.	Прошу эти вещи **выстирать.**	praşú éti véşi **vìstirat.**
temizletmek	почистить	paçístit
ütületmek	выгладить	vìgladit

Hizmetler

Ücreti nedir?	Сколько это будет стоить?	skólka éta búdit stoít?
Beni saat yedide uyandırın lütfen.	Разбудите меня в семь часов, пожалуйста.	razbudíte minya fı sem çasóf, pajálusta.
Odanın anahtarı lütfen.	Дайте ключ от номера, пожалуйста.	dáyte klúç at nómera pajálusta.
Lütfen taksi çağırınız.	Пожалуйста, вызовите такси.	pajálusta vìzavite táksi.
İnternet, telefon, faks var mı?	Есть ли интернет, телефон, факс?	yest li internét, telefón, faks?
Kahvaltı saat kaçta bitiyor?	Во сколько заканчивается завтрак?	vaskólka zakánçivayetsa zavtrak?
Yarın sabah ayrılıyorum.	Я уезжаю завтра утром.	ya uyezjáyu záftra útram.
Hesabımı hazırlar mısınız?	Приготовьте счет, пожалуйста?	prigatóvte şöt pajálusta?
Eşyalar için birini gönderin lütfen.	Пришлите кого-нибудь за вещами.	prişlíte kavo nibúd za vişámi.
Her şey için teşekkürler.	Спасибо за всё.	spásiba za fsö'.
Lütfen fatura ediniz.	Заполните, пожалуйста, счёт-фактуру.	zapólnite pajálusta şöt-faktúru.

Seyahat

Ziyaretinizin amacı nedir?
Какова цель Вашего приезда?
kakóva tsel váşeva priyézda?

Lütfen pasaportunuzu gösterin.
Паспорт покажите, пожалуйста.
pásport pakajíte pajálısta.

Yanınızda ne kadar dolar var?
Сколько долларов Вы имеете при себе?
skólka dóllarof vı iméyete pri sibye?

MOSKOVA METROSU İSTASYONLARI

АРБАТСКАЯ
ARBATSKAYA
АЛЕКСАНДРОВСКИЙ САД
ALEKSANDROVSKİY SAD
БИБЛИОТЕКА ИМ. ЛЕНИНА
BİBLİOTEKA İMENİ LENİNA
ПЛОЩАДЬ РЕВОЛЮЦИИ
PLOŞAD REVALYUTSİİ
БОРОВИЦКАЯ
BAROVİTSKAYA
ПАРК КУЛЬТУРЫ
PARK KULTURİ
КРОПОТКИНСКАЯ
KROPOTKİNSKAYA
НОВОКУЗНЕЦКАЯ
NOVAKUZNETSKAYA
ТРЕТЬЯКОВСКАЯ
TRETYAKOVSKAYA
8
ТАГАНСКАЯ
TAGANSKAYA
МАРКСИСТСКАЯ
MARKSİSTKAYA
КРЕСТЬЯНСКАЯ ЗАСТАВА
KRESTYANSKAYA ZASTAVA
ПРОЛЕТАРСКАЯ
PROLETARSKAYA
ПОЛЯНКА
POLYANKA
ПАВЕЛЕЦКАЯ
PAVELETSKAYA
ДОБРЫНИНСКАЯ
DOBRİNİNSKAYA
ОКТЯБРЬСКАЯ
OKTYABRSKAYA
АВТОЗАВОДСКАЯ
AVTOZAVODNAYA
КОЛОМЕНСКАЯ
KALOMENSKAYA
СЕРПУХОВСКАЯ
SEPRUHOVSKAYA
КАШИРСКАЯ
KAŞİRSKAYA
ТУЛЬСКАЯ
TULSKAYA
ВАРШАВСКАЯ
VARŞAVSKAYA
11
НАГАТИНСКАЯ
NAGATİNSKAYA
НАГОРНАЯ
NAGORNAYA
НАХИМОВСКИЙ ПРОСПЕКТ
NAHİMOVSKİY PROSPEKT
СЕВАСТОПОЛЬСКАЯ
SEVASTAPOLSKAYA
КАХОВСКАЯ
KAHOVSKAYA
11
ЧЕРТАНОВСКАЯ
ÇERTANOVSKAYA
ЮЖНАЯ
YUJNAYA
ПРАЖСКАЯ
PRAJSKAYA
УЛ. АКАДЕМИКА ЯНГЕЛЯ
ULITSA AKADEMİKA YANGELYA
АННИНО
ANNİNO
БУЛЬВАР ДМИТРИЯ ДОНСКОГО
BULVAR DMİTRİYA DONSKOVO
9
ШАБОЛОВСКАЯ
ŞABALOVSKAYA
ЛЕНИНСКИЙ ПРОСПЕКТ
LENİNSKİY PROSPEKT
АКАДЕМИЧЕСКАЯ
AKADEMİÇESKAYA
ПРОФСОЮЗНАЯ
PROFSAYUZNAYA
НОВЫЕ ЧЕРЕМУШКИ
NOVİE ÇEREMUŞKİ
КАЛУЖСКАЯ
KALUJSKAYA
БЕЛЯЕВО
BELYAYEVO
КОНЬКОВО
KONKOVO
ТЕПЛЫЙ СТАН
TYOPLİY STAN
ЯСЕНЕВО
YASENEVO
БИТЦЕВСКИЙ ПАРК
BİTSEVSKİY PARK
6
ФРУНЗЕНСКАЯ
FRUNZENSKAYA
СПОРТИВНАЯ
SPORTİVNAYA
ВОРОБЬЕВЫ ГОРЫ
VAROBYEVİ GORİ
УНИВЕРСИТЕТ
UNİVERSİTET
ПРОСПЕКТ ВЕРНАДСКОГО
PROSPEKT VERNADSKOVO
ЮГО-ЗАПАДНАЯ
YUGO-ZAPADNAYA
1
КАНТЕМИРОВСКАЯ
KANTEMİROVSKAYA
ЦАРИЦЫНО
TSARİTSINO
ОРЕХОВО
AREHOVA
ДОМОДЕДОВСКАЯ
DAMODEDOVSKAYA
КРАСНОГВАРДЕЙСКАЯ
KRASNAGVARDEYSKAYA
2
ДУБРОВКА
DUBROVKA
КОЖУХОВСКАЯ
KOJUHOVSKAYA
ПЕЧАТНИКИ
PİÇATNİKİ
ВОЛЖСКАЯ
VOLJSKAYA
ЛЮБЛИНО
LUBLİNO
БРАТИСЛАВСКАЯ
BRATİSLAVSKAYA
МАРЬИНО
MARİNO
10
ВОЛГОГРАДСКИЙ ПРОСПЕКТ
VOLGAGRADSKİY PROSPEKT
ТЕКСТИЛЬЩИКИ
TEKSTİLŞİKİ
КУЗЬМИНКИ
KUZMİNKİ
РЯЗАНСКИЙ ПРОСПЕКТ
RYAZANSKİY PROSPEKT
ВЫХИНО
BİHİNO
7
1 СОКОЛЬНИЧЕСКАЯ
SOKOLNİÇESKAYA
2 ЗАМОСКВОРЕЦКАЯ
ZAMOSKVARETSKAYA
3 АРБАТСКО-ПОКРОВСКАЯ
ARBATSKO-PAKROVSKAYA
4 ФИЛЕВСКАЯ
FILYEVSKAYA
5 КОЛЬЦЕВАЯ
KOLTSEVAYA
6 КАЛУЖСКО-РИЖСКАЯ
KALUJSKO - PIJSKAYA
7 ТАГАНСКО-КРАСНОПРЕСНЕНСКАЯ
TAGANSKA - KRASNAPRESNENSKAYA
8 КАЛИНИНСКАЯ
KALİNİNSKAYA
9 СЕРПУХОВСКО-ТИМИРЯЗЕВСКАЯ
SERPUHOVSKO - TİMİRYAZEVSKAYA
10 ЛЮБЛИНСКАЯ
LUBLİNSKAYA
11 КАХОВСКАЯ
KAHOVSKAYA
СТАНЦИИ ПЕРЕСАДОК
TRANSFER İSTASYONLARI

Artık Rusya'dasınız

Умом Россию не понять,

Rusya akılla anlaşılmaz,

Аршином общим не измерить.

Arşınla hiç ölçülemez.

diyor, 1803-1873 yılları arasında yaşamış Rus şair Fyódor Tutçev. Akılla anlaşılamaz; sadece yaşanır, hissedilir ve o kadar büyüktür ki ölçülemez. Bu söz aradan geçen zamana rağmen geçerliliğini korumakta.

İyi yolculuklar!	Счастливого пути!	şistlívovo puti!
Nerede?	Где?	gıde?
Nereye?	Куда?	kuda?
... nerede?	Где находиться ...?	gıde nahóditsa ...?

Nereye gidiyorsunuz?	Куда вы уезжаете?	kuda vı uyijáyete?
Havaalanına gitmem gerek.	Мне нужно поехать в аэропорт.	mınye nújna payéhat v aerapórt .
Berlin'e rezervasyon yaptırmak istiyorum.	Я хотел бы забронировать рейс до Берлина.	ya hatél bı zabroníravat reys da berlina.

Rezervasyonu **onaylamak** istiyorum.	Я хочу **подтвердить** мою бронь.	Ya haçú **padtverdít** mayu bron.
iptal etmek	аннулировать	annulíravat
değiştirmek	поменять	paminyát

İstanbul'a bir bilet lütfen.	Один билет до Стамбула пожалуйста.	adín bilét do stambúla pajálusta.
Beraberimde kaç kilo bagaj alabilirim?	Сколько килограмм багажа я могу взять с собой?	skólka kilográm bagája ya magú vızyat sı sabóy?
En yakın sefer ne zaman?	Когда ближайший рейс?	kagdá blijáyşiy reys?
Direk sefer mi?	Это прямой рейс?	éta priyamóy reys?
Pencere tarafında oturmak istiyorum.	Я бы хотел место у окна.	ya bı hatél mésta u akná.

THY ofisleri

TÜRK HAVA YOLLARI BİLET SATIŞ OFİSLERİ		
Azerbaycan Bakü	+99 532 95 90 22	Azerbaycan Cad.No:11
Belarus Minsk	+375 17 227 37 13	Yanki Kupalı S.25 204/1
Gürcistan Tiflis	+99 532 95 90 22	147, David Agmashenebeli Avenue
Kazakistan Alma Ata	+772 7 333 38 49	Furmanova Str. No: 100 G
Kazakistan Astana	+367 489 41 44	Astana Int'l Airport 2nd Floor No:2043
Kırgızistan Bişkek	+99 631 230 16 00	Sovyestkaya 136
Letonya Riga	+371 6 735 94 40	Aspasijas Bulvaris 22 Lv-1023
Moldova Kişinev	+373 2 252 50 95	Havaalanı
Özbekistan Taşkent	+99 871 236 79 89	P.O.Box 700000 A.Navio Str.11a
Rusya St. Petersburg	+7 812 314 17 25	Malaya Morskaya Str. N:16
Rusya Moskova	+7 495 980 52 02	B.Dimitrovka 7/5, Building-2 2nd Floor
Tacikistan Duşanbe	+99 248 701 15 01	Bokhtar Cad. No:37/1 (Vefa Center)
Türkmenistan Aşkabat	+99 312 39 29 19	Magtymguly Ave No: 73 7444000
Ukrayna Kiev	+38 044 490 59 33	19, Pushkinskaya Str. Apt.1 P.O.B.540 Kiev 01001

Ülkeye girerken

Rusya'dan ruble çıkarmak ve Rusya'ya ruble getirmek yasak ama dilediğiniz kadar döviz getirmek serbesttir. Bir şartla! Sizlere uçakta ya da gümrükte verilecek olan kıymetli eşya, mücevher, para gibi eşyalarınızın beyan formlarını (таможенная Декларация-tamójennaya deklarátsiya) doğru olarak doldurunuz ve seyahatiniz boyunca mutlaka saklayınız.

Türk Büyükelçiliği ile görüşmem lazım.
Мне не обходимо связаться с посольством Турции.
mınye ni abhádima sıvizátsa s pasólstvom Túrtsii.

TÜRKİYE CUMHURİYETİ BÜYÜK ELÇİLİKLERİ		
Azerbaycan	Bakü	+994 12 444 73 20
Belarus	Minsk	+375 17 227 13 83
Estonya	Tallin	+372 627 28 80
Gürcistan	Tiflis	+995 32 25 20 72
Kazakistan	Astana	+771 7 2 704 704
Kırgızistan	Bişkek	+99 6 312 62 23 54
Letonya	Riga	+371 6 782 16 00
Litvanya	Vilnius	+370 5 264 95 70
Moldova	Kişinev	+37 32 250 91 00
Özbekistan	Taşkent	+99 871 113 03 00
Rusya	Moskova	+7 495 994 48 08
Tacikistan	Duşanbe	+992 37 221 14 85
Türkmenistan	Aşkabat	+9931 235 41 18
Ukrayna	Kiev	+380 44 281 07 50

Gümrükte

Ben Türk vatandaşıyım.	Я гражданин Турции.	ya grajdanín túrtsii.
Ben Türkiye'den geldim.	Я приехал из Турции.	ya priyéhal iz túrtsii.
... otelinde rezervasyonum var.	Я забронировал номер в гостинице ...	ya zabraníroval nómer v gastínitse ...
Tatil için geldim.	Я приехал на отдых.	ya priyéhal na óddıh.
Benim diplomatik pasaportum var.	У меня дипломатический паспорт.	u minya diplomatíçeskiy pásport.
Uçak saat kaçta kalkar?	Во сколько вылетает самолет?	va skólka vıletáyet samalyót?
Bagajım kaç kilo geliyor?	Сколько весит мой багаж?	skólko vésit moy bagáj?
Bu çantayı yanıma alabilir miyim?	Я могу взять эту сумку с собой?	ya magu vızyát étu súmku sı sabóy?
Bagaj fazlası için ne kadar ödemeliyim?	Сколько надо доплатить за перевес?	skólka náda daplatít za perevés?
Döviz bürosu nerededir?	Где находится пункт обмена валюты?	gıde nahóditsa punkt abména valyútı?
Turist olarak geldim.	Я приехал как турист.	ya priyéhal kak turíst.
Pasaport kontrolü nerede?	Где паспортный контроль?	gıde pásportnıy kontról?

Deklare edecek bir şeyim yok.	У меня нечего декларировать.	u minya niçivo deklaríravat.
Gümrüğe tabi bir şeyim yok.	У меня все вещи беспошлинные.	u minya fsé véşi bespóşliniye.
Bunlar sadece şahsi eşyalarımdır.	Здесь только мои личные вещи	zdés tólka mayí liçnıye veşi.
Ne kadar gümrük vergisi ödemem gerekiyor?	Сколько мне заплатить за таможенный налог?	skólka mınye zaplatít za tamójennıy nalóg?
Bagajı nereden alabilirim?	Где выдача багажа?	gıde vìdaça bagajá?
Giriş nerede?	Где вход?	gıde vhód?
Gişe nerede?	Где касса?	gıde kássa?

Otomobil kiralama

Oteliniz araba kiralama hizmeti veriyor olabilir. Ayrıca Alamo, Hertz, Europcar gibi firmalar Rusya'da hizmet vermektedir.

Araba kiralamak istiyorum.	Я хочу взять машину напрокат.	ya haçú vızyát maşínu naprakát.
Şoförü ile birlikte.	Хочу взять с водителем.	haçu vızyát sı vadítelem.
Bir hafta için.	На неделю.	na nidélyu.
Bir gün için.	На один день.	na adín den.
Daha ucuz olanı var mı?	Есть ли подешевле?	yest li padişévli?
Fiyatta indirim yapabilir misiniz?	Вы можете снизить цену?	vı mójıte snízit tsénu?
Kış lastiği var mı?	Есть ли зимняя резина?	yest li zímniyaya rezína?
Araba full kaskolu mu?	Есть ли полная страховка КАСКО?	yest li pólnaya strahófka kasko?
Çocuk koltuğu var mı?	Есть ли детское сидение?	yest li détskoye sidéniye?
Navigasyon cihazı var mı?	Есть ли GPS навигатор?	yest li gps navigátör?
Ne kadar ödeyeceğim?	Сколько я должен платить?	sıkólka ya dóljın platít?
Kredi kartıyla ödeme yapabilir miyim?	Могу я заплатить кредитной карточкой?	magú ya zaplatít kredítnay kártıçkay?
İşte ehliyetim.	Вот моё водительское удостоверение.	vot mayó vadítelskoye udostoveréniye.

Şehir gezisi-yol sorma

Sayfa 94'teki mini Moskova rehberi, yapacağınız gezintinin hayli uzun ve yorucu olacağının göstergesi. Rahat ayakkabılar, sırt çantası, içme suyu sizin için vazgeçilmez olmalı. Kısa mesafelerde, hem gerçek bir görsel ziyafet hem de hızlı ulaşım için metro ile seyahat edebilirsiniz.

Nerede?	Nereye?
Где? gıdé	Куда? kudá

burada	здесь	zdés
buralarda bir yerde	где-то здесь	gıdéta zdés
her yerde	везде	vezdé
heykelin orada	у памятника	u pámitnika
hiçbir yerde	нигде	nigıdé
köşede	на углу	na uglú.
köşeyi dönünce	за углом	za uglóm
mağazalar sağda	магазины справа	magazínı správa
meydanda	на площади	na plóşadi
müze solda	музей слева	muzéy sléva
otelin yanında	рядом с отелем	ryádam sı otélem
otobüs durağında	на автобусной остановке	na aftóbusnay astanófke
uzak	далеко	dalekó
yakın	близко	blízka
yukarı	вверх	vıvérh
aşağı	вниз	vníz

Şehir gezisi-yol sorma

buraya	сюда	suda
oraya	туда	tuda
düz gidin	идите прямо	idíte priyáma
o tarafa gidin	идите туда	idíte tuda
geriye gidin	идите назад	idíte nazád
sağa dönün	поверните направо	paverníte naprάva
sola dönün	поверните налево	paverníte naléva
sokağın sonunda	в конце улицы	fı kantse úlitsı
köşede	на углу	na uglú
ilk solda	первый поворот налево	pérvıy pavarót naléva
ikinci sağda	второй поворот направо	pérvıy pavarót naprάva
Yakında mı?	Это рядом?	éta ryádam?
Uzak mı?	Это далеко?	éta dalekó?
trafik lambası	светофор	svetafór
sokak	улица	úlitsa
kavşak (dört yol)	перекрёсток	perekriyö'stık
park	парк	park
Burası neresi?	Где я нахожусь?	gıde ya nahajús?
Buraya ilk gelişim.	Я здесь впервые.	ya zdés fperviye.

Alışveriş merkezi nerede?	Где находится **торговый центр**?	gıde nahóditsa **targóvıy tséntır?**
Fuar alanı	Ярмарка	yármarka

Şehri çok beğendim.	Мне очень понравился ваш город.	mınye óçin panrávilsa vaş górad.

Otomobille gidebilir miyim?	Как доехать туда на **машине**?	kak dayéhat tudá na **maşíne**?
Otobüsle	автобусе	aftóbuse
Tramvayla	трамвае	tramváye
Metroyla	метро	metró

Yaya olarak gidebilir miyim?	Можно ли дойти пешком?	mójna li daytí pişkóm?
Ne tarafa gitmeliyim?	В каком направлении мне идти?	v kakóm napravléniyi mınye idtí?
Yolu bilmiyorum.	Я не знаю дороги.	ya ni znáyu darógi.
Bu tarafa mı?	В эту сторону?	fı étu stóronu?
Yolumu kaybettim.	Я заблудился.	ya zabludílsa.
Lütfen yardım edebilir misiniz?	Вы можете помочь мне?	vı mójıte pamóç mınye?
Harita üzerinde gösterebilir misiniz?	Покажите мне это на карте?	pakajíte mınye éta na kárte?
Adresi yazın lütfen.	Напишите, пожалуйста, адрес.	napişíte pajálusta ádres.
Bu caddenin adı nedir?	Как называется эта улица?	kak nazıváyetsa éta úlitsa?

Rusya Hükümet Binası
dom pravitelstva rasii
Moskova Beledi
meriya mask
Uluslararası Ticaret Merkezi
sentır mejdunarodnoy targovli
Ukrayna Oteli
gastinitsa ukraina
Kiev Tren İst.
kiyevskiy vakzal
KİEVSKİY MOST
Kurtarıcı İsa Ma
hram hrista spas
Radisson-Slavyanskaya Oteli
gastinitsa radisson-slavyanskaya
KİEVSKİY MOST
Novodeviçi Manastırı
novodeviçiy monastır
Aziz Nikolay Kilisesi
tserkov sivitoy nikolaya
Serçe Tepeleri
Aziz Tromtsı Kilisesi
serkof svitoy
tromtsı v varabyeve
Spor Kompleksi
sportivnıy kompleks v lujnikah
OKTYABRSKAYA
VAROBYEVI GORI
Moskova Devlet Üniversitesi
maskovskiy gasudarstvennıy universitet
Rusya İlimler Akademisi Başkanlığı
prezidium rasiskay akademii nauk

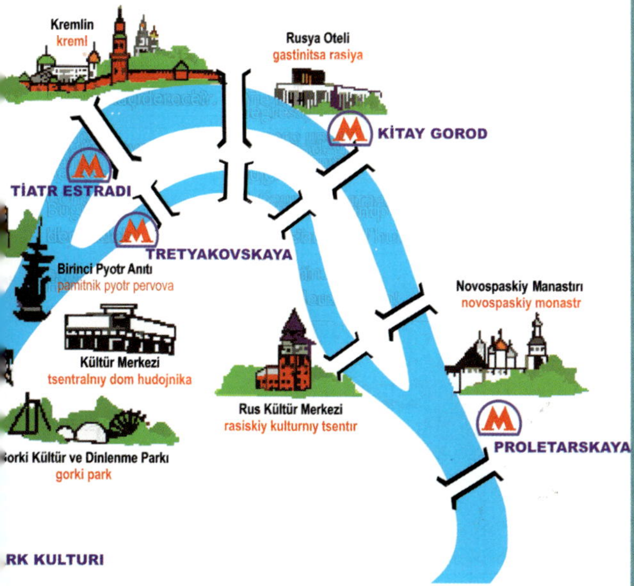

NEHİR TRAMVAYI / reçníye tramváyçiki

Şehri biraz uzaktan da olsa tanımak veya istediğiniz bir durakta inip şehri gezmek için büyülü nehir turlarına katılın. Stalíçnaya Sudahódnaya firması zaman, mekân ve para açısından avantajlı gezi seçenekleri sunuyor. Bu turlardan biri, Kíevskiy İstasyonu'ndan başlayıp Novospáski Köprüsü'nde son buluyor. Tur 11.00-21.00 saatleri arasında 20 dakikada bir düzenleniyor ve 1 saat 30 dakika sürüyor. Turlara katılmak için iskeleden, yaklaşık 600 ruble (20 $) ödeyerek bilet almalısınız.

Moskova'da gezilebilecek yerler

Fotoğraf çekebilir miyim?	Здесь можно фотографировать?	zdés mójna fotografíravat?
Giriş ücreti ödemek gerekiyor mu?	Вход платный?	vhod plátnıy?
Giriş ücreti ne kadar?	Сколько стоит вход?	skólka stoit vhód?

Kızıl Meydan

330 m uzunluk 70 metre genişliği ile Moskova ve hatta Rusya'nın başlıca meydanı olan Kızıl Meydan, Kremlin'in kuzeydoğu duvarı boyunca uzayıp gider. Meydanın doğusunda bugün alışveriş merkezi olarak kullanılan ve 1895'te inşa edilmiş olan meşhur GUM mağazası, tam karşısında Lenin'in anıt mezarı bulunur. Aziz Vasili Katedrali bütün ihtişamıyla meydanın bir ucunda, kırmızı tuğlalarla 1883 yılında inşa edilmiş Tarih Müzesi diğer ucunda durur.

Ulaşım: Metro 1 no'lu hat Ahótnıy ryad istasyonu

Saint Basil Katedrali

Haftanın her günü ziyaret edilebilir.

Ulaşım:

Metro 1 no'lu hat

Ahótnıy ryad istasyonu

Lenin'in anıt mezarı

Pazartesi ve cuma günleri dışında, her gün saat 10.00-13.00 arası ziyarete açıktır.

Ulaşım:

Metro 1 no'lu hat

Ahótnıy ryad istasyonu

Kremlin Sarayı

Temelleri 12. yy'da atılan ve ahşap bir kale olarak inşa edilen Kremlin, bu güne kadar Rusya'nın yönetim merkezi olagelmiştir.

Eşsiz bir kale olan Kremlin arazisinin tamamı, perşembe günleri dışında her gün 10.00-17.00 arası ziyaret edilebilir. Kremlin'in ortasında bulunan Katedral Meydanı'ndaki kiliseler içerisinde fotoğraf çekmek için bilet almanız gerekir. Kremlin'de ise fotoğraf çekmek serbesttir.

Ulaşım: Metro 1 no'lu hat Ahótnıy ryad istasyonu

Moskova rehberi

Puşkin Devlet Sanat Müzesi

1912 yılında açılan bu müzede eski çağlardan günümüze pek çok eser sergileniyor. Müzede Truva hazinelerinin sergilendiği bir Truva Salonu bulunmaktadır. Her gün 10.00-18.00 arası ziyaret edilebilir.

Pazartesi günleri ve her ayın son cuması müze ziyarete kapalıdır.

Ulaşım: Metro 1 no'lu hat Ahótnıy ryad istasyonu

Moskova kanal gezisi

Nehir tramvayları (reçniye tramvayçiki) olarak da adlandırılan nehir gemileri ile, Kíevskiy Priçál ile Novospásskiy Most arasındaki rotada kanal turu yapılmaktadır.

Arbat Sokağı

Araç trafiğine kapalı, Moskovalıların başlıca gezinti mekânlarından biridir.

Ulaşım:

Metro 4 no'lu hat

Smolénskaya istasyonu

Novodeviçi Manastırı ve Mezarlığı

Büyük şair Nazım Hikmet'in, pek çok Rus devlet adamı ve sanatçının kabri bu mezarlıktadır. Yazın saat 09.00'dan 19.00'a, kışın ise 18.00'e kadar ziyarete açıktır. Mezarlığa giriş ücretlidir.

Ulaşım: Metro 1 no'lu hat Sportívnaya istasyonu

Ostankino TV kulesi

540 metre yüksekliği ve ortalama 60 metreye varan çapı ile dünyanın en yüksek kulelerinden olan Astánkino televizyon kulesinin 337'nci metresindeki seyir terasından hafta içi 550, hafta sonu 850 ruble ödeyerek Moskova'yı panoramik olarak görüp fotoğraf çekebilirsiniz. Pazartesileri kule ziyarete kapalıdır. Diğer günler 10.00-12.00 arası hizmet vermektedir.

Ulaşım: Metro 6 no'lu hat VDNH istasyonundan,

13, 15 veya 69 no'lu tramvay

Otobüs

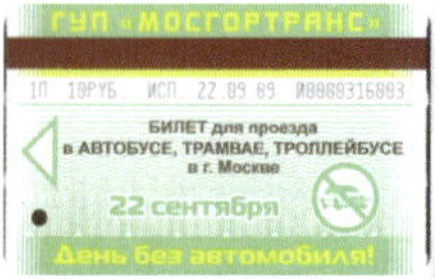

Oteller genellikle nerede var?	Где есть много **гостиниц**?	gıde yest mnóga **gastínits**?
Restoranlar	ресторанов	ristaránov
Barlar	баров	bárov

Nereden otobüs bileti alabilirim?	Где я могу купить билет на автобус?	gıdé ya magú kupít bilet na aftóbus?
Şehir merkezine hangi otobüs gidiyor?	Какой автобус идет в центр города?	kakóy aftóbus idyót fı tséntır górada?
Merkeze kadar kaç durak var?	Сколько остановок до центра?	skólka astanóvok do tséntra?
Aktarma yapmalı mıyım?	Мне надо пересаживаться?	mınye nada peresájivatsa?
Nerede aktarma yapmalıyım?	Где мне пересаживаться?	gıde mınye peresájivatsa?
Yol ücreti ne kadar?	Сколько стоит проезд?	skólka stoit prayézd?
Bir sonraki durağın adı nedir?	Какая следующая остановка?	kakáya slédușaya astanófka?
Nerede inmeliyim?	Где мне нужно выходить?	gıde mınye nújna vıhadít?

Moskova metrosu, yaygın ağı ve çember biçiminde bu ağları birbirine bağlayan yolları ile ulaşımın şah damarıdır. Diğer ulaşım biçimleri ile entegre planlanmış metro belki de birkaç gün gezilmeyi hak ediyor. Eğer bu kadar zamanınız varsa hem de neredeyse bedavaya metronun dillere destan mimari güzelliklerini görebilirsiniz. Bir metro jetonu ile akşama kadar metrodan çıkmadan istediğiniz yere gitmeniz mümkün.

• Metro ile nereye gideceğinize karar veriniz. (Türkçeleştirilmiş metro planı syf. 80-81)

• Aktarma yapıp yapmayacağınıza dikkat ediniz. Moskova metrosunda bulunan 11 ayrı hat farklı renklerle gösterilmiştir. Eğer kalkış ve varış yollarınızın rengi aynı değil ise aktarma yapmanız gerekir.

• Metro istasyonu içerisindeki bilet gişesinden (KASSA) jeton veya manyetik kart alınız.

• Varış istasyonunun adını yönlendirme tabelasında bulunuz.

Metro

Metro hangi sıklıkta geliyor?	Как часто ходят поезда?	kak çásta hódyat payezdá?
Bir sonraki metro treni 3 dakika sonra geliyor.	Следующей поезд придёт через 3 минуты.	sléduyuşiy póyezd pridyót çérez tri minútı.
Sonraki istasyon nedir?	Какая следующая станция?	kakáya sléduşaya stántsiya?
Hangi hatta binmeliyim?	По какой линии мне надо ехать?	pa kakóy línii mınye náda yéhat?
Nerede aktarma yapmam gerek?	Где мне нужно сделать пересадку?	gıde mınye nújna zıdélat peresádku?
Son tren saat kaçta?	Во сколько уходит последний поезд	va skólka uhódit paslédnıy póyezd?

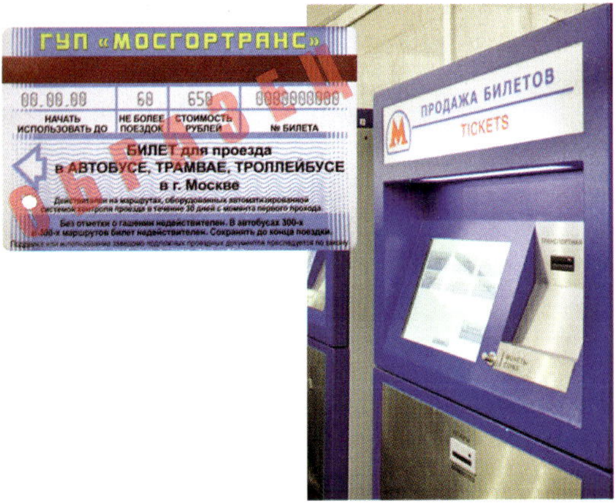

Taksi

Kişisel araçlarını taksi gibi kullandıran arabalara değil, sarı renkli, ruhsatlı ticari taksilere el kaldırın ve bunlarla seyahat edin. Bütün ticari taksilerde taksimetre bulunur. Bazen taksimetre olmasına rağmen çalışmaz ve sizinle pazarlık edebilirler. Taksiye binerken çok sıkı pazarlık yapın!

Boş musunuz?	Вы свободны?	vı svabódnı?
Beni bu adrese götürün.	Отвезите меня по этому адресу.	atvizíte minya pa étamu ádresu.
... kadar kaç para tutar?	Сколько будет, стоит доехать до ...?	skólka búdit stoit dayéhat do ...?

Beni **otele** götürün.	Отвезите меня в **гостиницу.**	atvizíte minya v **gastínitsu.**
havaalanına	аэропорт	aerapórt
şehir merkezine	центр города	tséntır górada

Acelem var!	Я опаздываю!	ya apázdıvayu!
Hızlı gidebilir misiniz!	Можете ехать быстрее!	mójıte yéhat bıstıre!
Yavaş gidebilir misiniz!	Можно ехать помедленнее!	mójna yéhat pamédlenneye!
Burada ineceğim.	Я здесь выйду.	ya zdés vìydu.
Lütfen burada durun.	Остановитесь, пожалуйста, здесь.	astanavítes pajálusta zıdés.
Beni biraz bekleyebilir misiniz?	Вы можете немного подождать меня?	vı mójıte nimnóga padajdát minya?
Ne kadar ödeyeceğim?	Сколько с меня?	skólka sı minya?

Otomobil

Benzin istasyonu nerede?	Где находится ближайшая автозаправка?	gıde nahóditsa blijáyşaya avtozaprávka?
Yolumuzu şaşırdık.	Мы заблудились.	mı zabludílis.
Geri dönmemiz lazım.	Надо разворачиваться.	náda razváraçivatsa.
Şehir merkezine gitmek istiyorum.	Я хочу ехать в центр города.	ya haçu yéhat fı tséntır górada.
Bu adrese gitmek istiyorum.	Я хочу ехать по этому адресу.	ya haçu yéhat pa étamu ádresu.
Harita üzerinde gösterebilir misiniz?	Покажите мне это на карте?	pakajíte mınye éta na kárte?
Motor yağını değiştirmek istiyorum.	Хочу поменять моторное масло.	haçu paminyát motórnoye máslo.
Lastikleri kontrol eder misiniz lütfen?	Проверьте, пожалуйста, давление в колёсах?	pravérte pajálusta davléniye fı kalesáh?
Lastiğim patladı.	У меня пробито колесо.	u minya prabíta kalesó.
Yakınlarda otopark var mı?	Поблизости есть автостоянка?	pablízasti yest aftostayánka?

Kaza oldu.	Случилась авария.	sluçílas aváriya.
Yardıma ihtiyacımız var.	Нам нужна помощь.	nam nujná pómaş.
Arabam bozuldu.	У меня сломалась машина.	u minyá slamálas maşína.
Çekici çağırınız.	Позовите весовщика.	pazavíte vesófçika.

İletişim

Rusya'dan Türkiye'yi aramak için 8'i çevirin, sinyal sesini duyduktan sonra sırasıyla 10-90 ve şehir kodu-telefon numarasını çevirin. İstanbul için: 8-sinyal -10-90- (212) xxx xx xx Telefon görüşmeleriniz için arama kartı kullanabilirsiniz. Bu kartlar ucuz görüşme sağlar. Her yerde bulabileceğiniz bu kartlar için SOVINTEL ve MATRIX firmalarını tavsiye edebiliriz.

Telefon kartı nerede satılıyor?	Где продаётся телефонная карточка?	gıde pradayótsa telefónnaya kártaçka?
Affedersiniz, telefon edebilir miyim?	Извините, могу я позвонить?	izviníte, magú ya pazvanít?
Yakınlarda postane var mı?	Поблизости есть почта?	pablízasti yest póçta?
Pul lütfen.	Мне нужны почтовые марки.	mınye nujnì paçtóvıye márki.
Gönderi için ne kadar ödeyeceğim?	Сколько стоит это отправить?	skólka stoít éta atprávit.
Türkiye'ye paket göndermek istiyorum.	Я хочу отправить эту посылку в Турцию.	ya haçu atprávit étu pasìlku fı túrtsiyu.
Türkiye ile görüşmenin dakikası ne kadar?	Сколько стоит минута разговора с Турцией?	skólko stoít minúta razgavóra sı túrtsiyey?

İletişim

Geçici sim kart satın alabilir miyim?
Могу ли я купить туристическую сим карту?
magú li ya kupít turistíçeskuyu sim kartu?

Geçici sim kart, cep telefonunuzda kullanabileceğiniz uluslar arası roaming'de ucuz görüşme sağlayan karttır. SimTravel, GSMtravel, Goodline tavsiye edilebilir. Satın almadan önce güncel fiyat bilgilerini sorgulayınız.

Sveta ile görüşebilir miyim?	Могу ли я поговорить со Светой?	magu li ya pagavarít sa svétoy?
Türkiye'den arıyorum, adım Hakan.	Я звоню из Турцию, меня зовут Хакан.	ya zvanyú iz túrtsii, minya zavút hakan.
2 saat sonra (yediden sonra) yeniden arayacağım.	Перезвоню через 2 часа (после 7-и).	perezvanyú çérez dıva çasa (pósli simi).
Cep telefonunu verir misiniz?	Дайте, пожалуйста, номер мобильного телефона.	dayte pajálusta nómer mabílnova telefóna.
Lütfen yavaş konuşun.	Говорите медленнее, пожалуйста?	gavaríte médlennee pajálusta?
Tekrar eder misiniz lütfen?	Повторите, пожалуйста!	pavtaríte pajálusta!
Lütfen benim numaramı yazar mısınız?	Запишите мой номер телефона.	zapişíte moy nómer telefóna.

Rusya'da şehirler arası arama yapmak için 8'i tuşlayın, sinyal sesini duyduktan sonra şehrin kodunu ve telefon numarasını çevirin. Başlıca şehirlerin telefon kodları şöyledir:

Moskova	495 / 499
Irkutsk	3952
Krasnoyarsk	3912
Murmansk	8152 / 81522
Novorossisk	86134
Samara	8462
Vologograd	8442
St.Petersburg	812
Kaliningrad	0112
Magadan	41322
Nijniy Novogorod	8312
Novosobirsk	3832
Vologda	81722
Vladivastok	4232

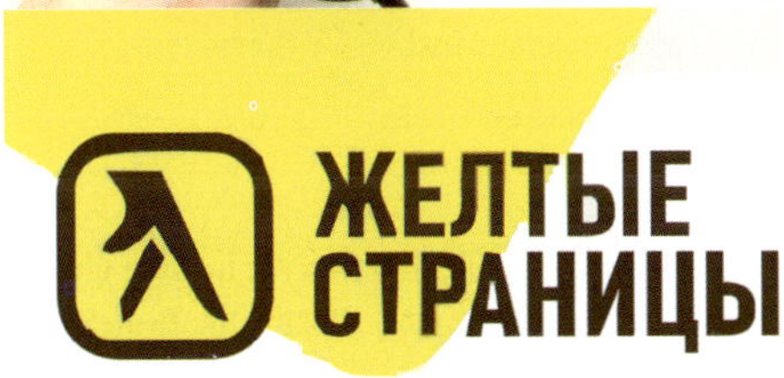

İletişim

Rusya'da internet ağı yaygın ve hızlıdır. Şehrin her tarafında internet kafelere sıkça rastlayabilir, GSM telefonlarla internet üzerinden telefon görüşmesi ve veri transferi yapabilirsiniz.

Yakınlarda internet kafe var mı?	Поблизости есть интернет кафе?	pablízasti yest internet-kafé?
Telefon etmem gerek.	Я должен позвонить.	ya dóljın pazvanít.
Telefon kulübesi var mı?	Здесь есть таксофон?	zdes yest taksafón?
Faks göndermem gerek.	Мне нужно послать факс в Турцию.	mınye nújna pasılát faks v túrtsiyu.
Bana faks gönderilmiş mi?	Для меня есть факс?	dilya minya yest faks?
Kullanabileceğim bir bilgisayar var mı?	Где здесь есть компьютер?	gıde zdés yest kampyútır?
E-mail göndermem gerek.	Мне нужно послать е-мэйл	mınye nújna paslát i-meyl?
İnternetten faydalanabilir miyim?	Могу я воспользоваться интернетом?	magu ya vaspólzavatsa internétom?
Web sayfanız var mı?	У вас есть сайт в интернете?	u vaz yest sayt v internéte?

Posta hizmetleri pek sağlıklı değildir. İhtiyaç halinde uluslararası hizmet veren DHL, Federal Express, TNT gibi firmaları tercih edebilirsiniz.

Acil servisler

Yardım edin! pamagíte!

Polis
milítsiya
02

Yangın
pajar
01

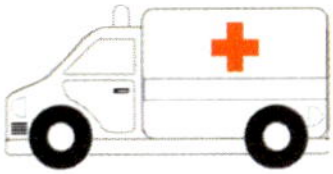

Ambulans
skóraja pómoş
03

Yardıma ihtiyacımız var.	Нам нужна помощь.	nam nujná pómaş.
Çantamı takside unuttum.	Я забыл сумку в такси.	ya zabıl súmku fı taksi.
Paramı çaldılar.	У меня украли деньги.	u minya ukráli déngi.
Polise nasıl telefon edebilirim?	Как позвонить в полицию?	kak pazvanít fı palítsiyu.?
Otomobil kazası bildirmek istiyorum.	Я хочу сообщить, что произошла авария.	ya haçu saabşít şto praizaşlá aftoaváriya.
Sokakta beni rahatsız ediyorlar.	произошёл несчастный случай на улице.	praizaşól nişástnıy sluçáy na ulítse.
İki kişi bana saldırdı.	На мне напали двое.	na mınye napáli dıvóye.
Hangi otelde kalıyorsunuz?	В какой гостинице вы остановились?	fı kakóy gastínitsı vı astanavílis?

Polis ve suç

… otelinde kalıyorum.	Я остановился в гостинице …	ya astanavílsa vı gastínitsı …
… otelinde rezervasyonum var.	Я забронировал номер в гостинице …	ya zabraníroval nómer v gastínitsı …
Ben yabancıyım.	Я иностранец.	ya inostránets.
Tercüman aracılığıyla konuşacağım.	Я буду говорить только через переводчика.	ya budu gavarít tólka çérez perevódçika.
Yardıma ihtiyacımız var.	Нам нужна помощь.	nam núјna pómaş.
Arabam bozuldu.	У меня сломалась машина.	u minya slamálas maşína.
Çekici çağırınız.	Позовите весовщика.	pazavíte vesófşika.

Türk Büyükelçiliği ile görüşmem lazım.
Мне не обходимо связаться с посольством Турции.
mınye ni abhadíma sıvizátsa s pasólstvom Túrtsii.

Türk Büyükelçilikleri iletişim bilgileri için bakınız. Syf. 85

Yeme-İçme

Afiyet olsun!
Приятного аппетита!
priyátnava apetíta?

Ne içersiniz?
Что вы будете пить?
şto vı búdite pit?

Yer ayırtma

Nerede yemek yiyebiliriz?
Где найти ресторан?
gıdé nayti restoran?

Moskova'da dünya mutfaklarının pek çoğunu ayrı restoranlar ve farklı konseptlerde bulabilmeniz mümkün. Meksika restoranında meşhur Quesadillayı tadabilir ya da bünyesinde bira imal eden Alman restoranında filtre edilmemiş bira ile serinleyebilirsiniz.

Rusya'da yemek yemek için birkaç farklı seçenek vardır. Bizdeki lokantalara benzetebileceğimiz столовая, stalóvaya bunların yaygın olanlarındandır. Şehirde, otel veya tren-otobüs istasyonlarında sandviç büfeleri буфет, bufét bulunur. Bunun dışında ülkemizde de bulunan Fast Food zincirleri self-sevris самообслуживание, samoabslújivaniye veya açık menü шведский стол, şvédskiy stol olarak yaygın biçimde hizmet vermektedirler.

Restorana gidelim.	Пойдёмте в ресторан.	paydiyómte fı ristarán.

Yakınlarda iyi bir **kafe** var mı?	Есть ли поблизости хорошее **кафе**?	yest li pablízasti haróşie **kafe**?
birahane	пивной бар	pivnóy bar
yöresel yemek yapan lokanta	ресторан национальной кухни	ristarán natsionálnoy kúhni

Saat 20.00 için iki kişilik yer ayırır mısınız?	Можете заказать стол на 2 человека?	mójite zakazát stól na dva çılavéka?

Tek kişilik (iki kişilik) masa lütfen.	Столик на одного человека (двух человек) пожалуйста.	stólik na adnavó çılavéka (dvuh çılavék) pajálusta.
Buraya oturabilir miyiz?	Простите, этот стол свободен?	prastíte, état stól svabóden?
Lavaboyu gösterir misiniz?	Покажите где помыть руки?	pakajíte gıde pamìt rúki?

Bardak getirir misiniz?	Принесите, пожалуйста, **стакан.**	prinisíte pajálusta **sıtakan.**
Sandalye	стул	stúl
Mendil	салфетки	salfétki
Kaşık	ложку	lójku
Çatal	вилку	vílku
Bıçak	нож	noj

Yemek seçme

Kahvaltı yapmak istiyoruz.	Мы хотели бы позавтракать.	mı hatéli bı pazáftrakat.
Öğle yemeği istiyoruz.	Мы хотели бы пообедать.	mı hatéli bı paabédat.
Akşam yemeği istiyoruz.	Мы хотели бы поужинать.	mı hatéli bı paújinat.
Menüye bakabilir miyim?	Могу я посмотреть меню?	magu ya pasmatrét menü?
Ne tavsiye edebilirsiniz?	Что Вы можете посоветовать?	şto vı mójıte pasovyétavat?
Yöresel yemekleri tatmak istiyorum.	Я хочу попробовать национальное блюдо.	ya haçu papróbavat natsianálnoe blyúda.
Bir sebze tabağı istiyorum.	Я хотел бы овощное блюдо из разных овощей.	ya hatél bı ovaşnóye blyúda iz ráznıh avaşéy.
Ben vejetaryenim.	Я вегетарианец.	ya vegetariánets.

Domuz eti yemem.	Я не ем свинину.	ya ni yem svinínu.
İnek eti yemem.	Я не ем говядину.	ya ni yem gavyádinu.
Tavuk yemekleri istiyorum.	Я хочу блюдо **с курицей**.	ya haçu blyúda **sı kúritsey**.
Sebze	из овощей	iz ovaşéy
Et	из мяса	iz miyása
Balık	из рыбы	iz rìbı
Çok lezzetli!	Очень вкусно!	óçen fkúsna!
Hoşuma gitmedi.	Мне это не нравится.	mınye éta ne nrávitsa.
... verir misiniz lütfen.	Дайте мне, пожалуйста ...	dayte mınye pajálusta ...
Yemek (içmek) istiyorum.	Я хочу, есть (пить).	ya haçu yest (pit).
Az yağlı yapar mısınız lütfen.	Сделайте, пожалуйста, поменьше жира.	zıdélayte pajálusta paménshe jìra.
Bir bardak **meyve suyu** alabilir miyim lütfen?	Дайте, пожалуйста, стакан **сока**?	dayte pajálusta stakán sóka?
su	воды	vadı
Bir fincan **kahve** alabilir miyim lütfen?	Дайте, пожалуйста, чашку **кофе**?	dayte pajálusta çáşku **kófe**?
çay	чая	çáya

Yemek seçme

Bir şişe **kola** alabilir miyim lütfen?	Дайте, пожалуйста, бутылку **колы**?	dayte pajálusta butìlku **kólı**?
bira	пива	píva
Şerefe!	На здоровье!	nazdaróvye!
Sağlığınıza ve mutluluğunuza!	За ваше здоровье и благополучие!	za váşe zdaróvye i blagopalúçiye!
Bana tuz getirin lütfen.	Принесите мне соль, пожалуйста.	prinisíte mınye sol pajálusta.
Peçete alabilir miyim?	Принесите мне салфетку?	prinisíte mınye salfétku?
Garson! / Hanımefendi!	официантка! / Девушка!	afitsánt! / dévuşka!
Doydum!	Я наелся!	ya nayélsa!
Harikaydı!	Это было великолепно!	éta bìla velikalépna!
Tuvalet nerede?	Где туалет?	gıde tualét?
Masayı toplayabilirsiniz.	Можете убрать со стола.	mojìte ubrát sa stolá.
Bir şişe beyaz şarap alacağım.	Я бы хотел бутылку белого вина.	ya bı hatél butìlku bélava viná.
Başka bir şey lazım değil, teşekkürler!	Больше ничего не нужно, спасибо!	bólşe niçivó ni nújna, spasíba!
Hesap lütfen!	Счёт, пожалуйста!	şöt pajálusta!

Pişirme şekilleri

haşlanmış	вареный	varyönıy
yağda yumurta	Яичницу-глазунью	yaíçnitsu glazúnyu
soğuk	холодный	halódnıy
sıcak	горячий	garyáçiy
acı	горький	górkiy
çok pişmiş	переваренный	perevarönıy
az pişmiş	недоваренный	nidavrönıy
kızarmış	жаренный	járennıy
tuzlu	соленый	salyónıy
ekşi	кислый	kíslıy
bayat	несвежий	nisvéjiy

Rus mutfağı

KAHVALTI / завтрак / závtrak

çay	чай	çay
kahve	кофе	kófe
meyve suyu	сок	sok
süt	молоко	malakó
peynir	сыр	sır
zeytin	оливки	alífki
reçel	варенье	varénye
yumurta	яйцо	yáytso
omlet	омлет	omlét
sosis	сосиска	sosíska

SALATALAR / Салаты / saláti

Оливье / olivyé

"Rus salatası" adıyla üne kavuşmuş salata. Bayram, yeni yıl gibi özel günlerde sıklıkla yapılır. "Olivye" adını, 1860'lı yıllarda Moskova'da bulunan Fransız lokantası Hermitage'ın aşçısı Lucien Olive'den almıştır.

Салат из крабовых палочек / salat iz krabávıh palaçék

İçerisinde haşlanmış yengeç eti veya kolları, maydanoz, taze yeşil soğan, haşlanmış mısır, yumurta bulunan mayonezli salata. İsteğe göre pirinç ya da makarna ile karıştırılarak sunulur.

Сельдь под шубой / seld pad şubóy

Düz bir tabağa yerleştirilmiş fileto edilmiş ringa balığının üzeri katman katman patates, yumurta, pancar ile kaplanır, yeşillikle süslenerek servis edilir.

Винегрет / Vinegrét

Pancar, patates, havuç haşlanarak salatalık, soğan ve lahana turşuları ile karıştırılarak rengini koruması için üzerine ayçiçeği yağı dökülür.

SOĞUK MEZELER

Холодные закуски / halódnıye zakúski

Холодец / haladéts

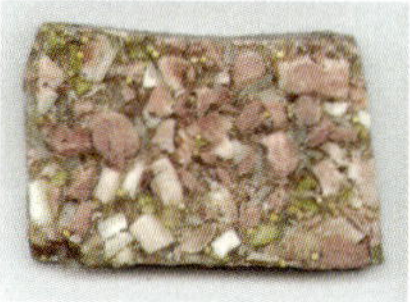

İnek kelle-paça ve beyin bölümlerinin soğutularak jöle kıvamına gelmiş et suyu içerisinde servis edilmiş halidir. Genelde inek eti kullanılsa da domuz etinden de yapılmaktadır.

Сало / Sálo

Karın bölgesi ve böbrek civarında bulunan hayvansal yağlardan (daha çok domuz yağından) yapılır. Haşlanmış, füme, kızartılmış ve tuzlanmış olarak servis edilir. Çok sık kullanılan bir mezedir. Tatlısı bile vardır.

Солёные огурцы / Salónıye agurtsì

Salatalık turşusu. Rus mutfağının vazgeçilmez mezesidir. Aynı şekilde geleneksel mutfağın en önemli sebzelerinden birisi de lahanadır. Her lokantada lahanadan yapılmış yemek, turşu ve çorbalara rastlamak mümkündür.

Гибы маринованные / gribì marinóvannıye

Salamura edilmiş mantar. Salatalık, sarımsak ve domates de sıkça salamura olarak sunulur.

Rus mutfağı

Красная икра (Икра лососевая) / krásnaya ikrá (ikra lasosévaya)

Kırmızı havyar. Dişi mersinbalığının döllenmemiş yumurtalarından elde edilen havyar, Rus mutfağının akla ilk gelenlerindendir. Daha az rastlanan siyah havyar da (çornaya ikra) Rus mutfağının klasiklerinden olup 50 gr ambalajda 100 $ fiyatla satılmaktadır.

Мясное ассорти / myasnóye assorti

Genelde dil, pişmiş domuz eti, ön bacak, tavuk rulo, tütsülenmiş domuz eti gibi etlerle yapılan asorti servis.

Колбаса / kalbasá

Sucuk. Ruslar farklı baharatlarla yaptıkları sucuğu genellikle soğuk tüketirler.

SICAK MEZELER

Горячие закуски / garyáçıye zakúski

Блины / blinì

Sıcak kızartma tavasında kızartılan bulamaç. Krep. Geleneksel olarak ortasında kaymak, havyar, kıyma veya peynirle dürüm yapılarak servis edilir.

ÇORBALAR / Супы / súpı

Борщ / borş

Kırmızı rengini pancardan alan, üzerinde bir kaşık smitana (kaymak) ile servis yapılan, Rus mutfağının başlıca yemeğidir. İçerisinde lahana, havuç, patates, kereviz, soğan, biber, sarımsak, maydanoz, defne yaprağı ve isteğe göre başka sebzelerle birlikte et bulunan çorba.

Окрошка / akróşka

Et ya da balıktan yapılsın, bire bir ölçekte sebze ile yapılır. İçerisinde yeşil soğan, maydanoz, dereotu, kereviz, frenk maydanozu, sert pişmiş patates, havuç ve pancar bulunur. Haşlanmış yumurta ve smitana ile servis edilir.

Щи / şi

Et, lahana, patates, domates, soğan, havuç ile yapılan çorba.

Уха / uhá

Balık çorbası.

Рассольник / rassólnik

Et, patates, soğan, havuç, salatalık turşusu ile yapılan çorba. İçerisine arpa ve defne yaprağı eklenmektedir.

Ana yemekler

Горячие Блюда / garyáçiye blyúda

Голубцы / galubtsì

Dolma. Lahana, kabak ve biber dolması.

Шашлык / şaşlik

Şiş kebap. Rus mutfağının başlıca yemeklerindendir. Genelde sirke ile soslanmış domuz etinden yapılır.

Пельмени / pelméni

Mantı. Mutfağımızın en beğenilen yemeklerinden olan mantının iricesidir. Et suyu veya tavuk suyu ile servis edilir. Üzerinde simitana ile soslanır.

Дранники / dràniki

Rendelenmiş patates, un, yumurta ve soğan karışımının kızartılmasıyla yapılan patates köftesi.

GARNİTÜRLER / Гарниры / garnírı

рис с овощами	ris sı ovaşámi	sebzeli pirinç
овощи паровые	óvaşi paravìye	buharda pişmiş sebze
картофельное пюре	kartófelnoye püre	patates püresi
гречневая каша	greçneváya káşa	karabuğday püresi
сметана	smitána	kaymak (krema)
масло растительное	másla rastítelnoye	bitkisel yağ
масло сливочное	másla slívaçnoye	tereyağı
горчица	garçítsa	hardal
масло оливковое	másla alivkovóye	zeytinyağı

TATLILAR / Десерт / desért

творог	tvaróg	lor peyniri
торт	tort	turta
мороженое	marójenoye	dondurma
ванильный	vanílnıy	vanilyalı
клубничный	klubníçnıy	çilekli
мятный	myátnıy	naneli
шоколадный	şokoládnıy	çikolatalı
черничный	çerníçnıy	yaban mersinli
фисташковый	fistáşkavıy	fıstıklı
малиновый	malínavıy	ahududulu
карамельный	karamélnıy	karamelli
сливовый	slívovıy	erikli

Alkollü içecekler

Алкогольные напитки / Alkagólnıye napítki

разливное пиво	razlívnoye píva	fıçı bira
пиво нефильтрованное	píva nifiltróvanoye	filtre edilmemiş bira
красное вино	krásnoye vinó	kırmızı şarap
белое вино	béloye vinó	beyaz şarap
розовое вино	rózovoye vinó	pembe şarap
молдавское	maldávskoye	Moldova şarabı
болгарское	balgárskoye	Bulgar şarabı
грузинское	gruzínskoye	Gürcü şarabı
водка	vódka	votka
самогон	samagón	alkol oranı yüksek ev yapımı votka
коньяк	kanyák	konyak
текила	tekila	tekila
джин	cin	cin

ALKOLSÜZ İÇECEKLER

Безалкогольные напитки / Bezalkagólnıye napítki

квас	kıvas	Su, malt ve çavdardan yapılan alkol oranı çok düşük bir içkidir. Alkol, içerisinde kendiliğinden oluşmaktadır. Sade ve meyveli çeşitleri bulunur.
компот	kampót	komposto
сок	sok	meyve suyu
апельсиновый	apelsínovıy	portakal suyu
персиковый	pérsikovıy	şeftali suyu
вишнёвый	vişnóvıy	vişne suyu
кефир	kifír	kefir
молоко	malakó	süt
вода	vadá	içme suyu olarak kullanılan
минеральная	minerálnaya	mineralli su

Sebze ve meyveler

фрукты и овощи / frúktı i óvaşi

armut	груша	grúşa
ayva	айва	ayvá
bezelye	горошек	garóşek
biber	перец	pérets
çilek	клубника	klubníka
domates	помидор	pamidór
dut	тутовник	tutóvnik
elma	яблоко	yáblaka
erik	слива	slíva
fasulye	фасоль	fasól
greyfurt	грейпфрут	gréypfrut
havuç	морковь	markóf
Hindistan cevizi	кокос	kokós
ıspanak	шпинат	şpinát
incir	инжир	injír
kabak	кабачки	kabaçkí
karpuz	арбуз	arbúz
kavun	дыня	dınya
kayısı	абрикос	abrikós
kiraz	вишня	víşnya
lahana	капуста	kapústa

Rus mutfağı

mandalina	мандарин	mandarín
mantar	грибы	gribì
maydanoz	петрушка	petrúşka
mercimek	чечевица	çeçivítsa
mısır	кукуруза	kukurúza
muz	банан	banán
nar	гранат	granát
nohut	нут	nut
pancar	свекла	sıvekla
patates	картошка	kartóşka
patlıcan	баклажан	baklaján
pırasa	лук-порей	luk-poréy
portakal	апельсин	apelsín
salatalık	огурец	aguréts
sarımsak	чеснок	çisnók
soğan	лук	luk
şeftali	персик	pérsik
turp	редиска	redíska
üzüm	виноград	vinagrád

Alışveriş

Bunun fiyatı nedir?
Сколько это стоит?
skólka éta stóit?

Bu kaça?
Почем?
paçóm?

Temel ifadeler

Alışverişlerinizi ruble ile yapın. Döviz büroları ve bankalar haricinde sokakta döviz bozdurmayın. Bu suçtur. Kredi kartı çoğunlukla mağazalarda ve restoranlarda geçerlidir.

Yardımcı olabilir miyim?	Могу ли я Вам помочь?	magu li ya vam pamóç?
Ne arzu edersiniz?	Что бы Вы хотели?	şıto bı vı hatéli?
Kaç tane?	Сколько штук?	Skólka ştúk
litre	литр	lítır
yarım litre	пол-литра	pollítra
çeyrek litre	четверть литра	çítvert lítra
metre	метр	métır
santimetre	сантиметр	santimétır
az	мало	mála
çok	много	mnóga
biraz	немного	nimnóga
fazla	лишний	líşniy
yeterli	достаточно	dastátaçna
büyük	большой	balşóy
küçük	маленький	málinkiy

Banka-para

Banka (döviz bürosu) nerede?	Где находится ближайший банк (обменный пункт)?	gıde nahóditsa bilijáyşiy bank (abménnıy punkt)?

Dövizi yerel paraya çevirmek (döviz bozdurmak) istiyorsanız:

Döviz bozdurmak istiyorum.	Я хочу обменять валюту.	ya haçú abminyát valyútu.
1000 dolar döviz bozdurmak istiyorum.	Я хочу обменять 1000 $.	ya haçú abminyát tísyaçu dóllarof.
100 avro bozabilir misiniz lütfen?	Я хочу разменять 100 €.	ya haçú razminyát sto yévro.

Elinizdeki parayı küçük parçalara böldürmek istiyorsanız:

Para bozdurmak istiyorum.	Я хочу разменять деньги.	ya haçú razminyát déngi.

Banka - para

Lütfen küçük banknotlar veriniz.	Дайте мне, пожалуйста, мелкие банкноты.	dayte mınye pajálusta mélkiye banknótı.
Bu, havaalanında doldurduğum gümrük deklarasyonu.	Это таможенная декларация.	éta tamójennaya deklarátsiya .
Lütfen belge veriniz.	Дайте, пожалуйста, квитанцию.	dayte pajálusta kvitántsiyu.
Buyurun pasaportumu!	Вот мой паспорт!	vot moy pásport.
Bir dolar (avro) kaç ruble?	Какой курс доллара (ЕВРО)?	kakóy kurs dóllara (yévro)?
Dolar ile ödeyebilir miyim?	Можно ли платить в долларах?	mójna li platít v dóllarah?
Fiyatı dolar olarak söyleyin lütfen.	Скажите цены в долларах, пожалуйста.	skajíte tsenì v dóllarah pajálusta.
para üstü	Сдача	sıdáça
Üstü kalsın.	Сдачи не надо	sıdáçi ninádа

Mağaza

... mağazası nerede?	Где магазин ...?	gıde magazín ... ?
Ayakkabı	обуви	óbuvi
Elbise	одежды	adéjdı
Kitap	книжный	kníjnıy

Bu mağaza saat kaça kadar açık?	До какого времени работает этот магазин?	da kakóva vrémeni rabótayet état magazín?
Ben ... satın almak istiyorum.	Я хочу купить	ya haçu kupít ....
Sizde ... var mı?	У вас есть ...?	u vas yest ... ?
Lütfen gösterir misiniz?	Покажите мне пожалуйста?	pakajíte mınye pajálusta?
Bunun fiyatı nedir?	Сколько это стоит?	skólka éta stóit?

Tartılarak mı satılıyor?	Это продается **на вес**?	éta pradayótsa **na ves**?
Taneyle mi	по штучно?	paştúçna?
Metreyle mi	на метры?	na métrı?

Sadece bakıyorum.	Просто смотрю.	prósta smatryú.
Hediye paketi yapar mısınız lütfen.	Заверните это в подарочную упаковку, пожалуйста.	zaverníte éta fı padáraçnuyu upakófku pajálusta.
Hepsini birlikte paketleyin.	Заверните все вместе.	zaverníte fsö vméste.

Mağaza

Şapka ve eldivene ihtiyacım var.	Мне нужны перчатки и шапка.	mınye nujnì pirçátki i şápka.
Daha **kalitelisi** var mı?	Есть ли что-нибудь **лучшего качества**?	yest li şto nibut **luçşéva káçestva**?
hesaplısı	подешевле	padişévli
büyüğü	побольше	pabólşe
küçüğü	поменьше	paménşe
farklı rengi	другого цвета	drugóva tsvéta
kadın / erkek / çocuk elbiseleri	женская / мужская / детская одежда	jénskaya / mujskáya / détskaya adéjda
oyuncak	игрушка	igrúşka
kozmetik	косметика	kosmétika
Çok pahalı.	Слишком дорого.	slíşkam dóroga.
Bunu iade etmek istiyorum.	Я хочу возвратить это.	ya haçú vazvratít éta.
Fiyatta indirim yapabilir misiniz?	Вы снизите цену?	vı snízite tsénu?
Kasalar nerede?	Где кассы?	gıde kássı?
Kredi kartıyla ödeme yapabilir miyim?	Могу я заплатить кредитной карточкой?	magú li ya zaplatít kréditnay kártıçkay?
Çıkış ne tarafta?	В какой стороне выход?	fı kakóy storoné vìhad?

Bir şişe **süt** lütfen.	Одну бутылку **молока** Пожалуйста.	adnu butìlku **malaká** pajálusta.
kola	колы	kólı
maden suyu	минеральной воды	minerálnoy vadı

Bir ekmek lütfen.	Один хлеб, пожалуйста.	adin hléb pajálusta.
Konserve et var mı?	У вас есть мясные консервы?	u vas yest myasnìye konsérvı?
Konserve meyve var mı?	У вас есть консервированные фрукты?	u vas yest konservírovannıye frúktı?

İki kilo **peynir** tartın lütfen.	Взвесьте мне, пожалуйста, два килограмма **сыра.**	vızvéste mınye pajálusta dva kilográma **sìra.**
salam	колбасы	kalbasì
elma	яблок	yáblak
portakal	апельсинов	apelsínov
salatalık	огурцов	agurtsóv

Kozmetik-parfümeri

Hangi parfümler var?	Что у вас есть из духов?	şto u vas yest iz duhóf?
Fransız parfümleri var mı?	Есть ли у вас французские духи?	yest li u vas frantsúzskie duhí?
Fahrenheit'ın fiyatı nedir?	Сколько стоит фаренгейт?	skólka stóit farengéyt?
Daha ucuzu yok mu?	Есть ли у вас подешевле?	yest li u vas padişévli?
Denemek için numuneler var mı?	Есть ли у вас пробники?	yest li u vas próbniki?

Kolonyalara bakmak istiyorum.	Я хочу посмотреть **одеколон.**	ya haçú pasmatrét **adekalón.**
Tıraş kremlerine	крем для бритья	krem dilya brítya
Rujlara	губную помаду	gubnúyu pamádu
Farlara	тени	téni
Saç jölelerine	гель для волос	gel dilya volós
Sabun	мыло	mìla
Diş macunu	зубную пасту	zubnúyu pástu
Şampuan	шампунь	şampún
El kremi	крем для рук	krem dilya ruk
Cilt losyonu	лосьон для лица	losyón diyla litsá
Nemlendirici	увлажняющий крем	uvlajnyáyuşiy krem
Göz kalemi	карандаш для глаз	karandáş dilya gláz
Allık	румяна	rumyána
Pudra	пудру	púdru
Oje	лак для ногтей	lak dilya nogtéy
Saç spreyi	лак для волос	lak dilya volós

Bana Rusça-İngilizce sözlük lazım.	Мне нужен русско-английский словарь.	mınye nújen rússko-anglíyskiy slavár.
Nerede fotokopi çektirebilirim?	Где я могу сделать ксерокопии?	gıde ya magu sıdélat kserokópiyi?
Sizde Türk gazeteleri satılıyor mu?	У вас продаются Турецкие газеты?	u vas pradayútsa turétskie gazétı?
Rusça alfabe kitabı var mı?	Мне нужен букварь?	mınye nújen bukvar?
Resimli satranç kitabı var mı?	У вас есть книга шахматы с иллюстрацией?	u vas yest kníga şáhmatı sı illustrátsiyey?
Haritalar hangi bölümde?	В каком отделе находятся карты?	v kakom atdéle nahódyatsa kártı?
Moskova'yı fotoğraflarla anlatan bir kitap var mı?	Есть ли у вас книга о Москве с фотографиями?	yest li u vas kníga a maskvé sı fotográfiyami?

Kitap-müzik-fotoğraf

Bu kitabı satın almak istiyorum.	Я хочу купить эту книгу.	ya haçú kupít etuknígu.
Sizde geleneksel Rus müziği CD veya MP'leri var mı?	У вас есть русские народные песни на CD или MP3?	u vas yest rússkie naródnie pésnii na CD ili MP3?
Çingene şarkılarına bakabilir miyim?	Есть ли CD цыганские песни и романсы?	est li tsıgánskie pésni i románsı?
Sizde kulaklık satılıyor mu?	У вас продаются наушники?	u vas prodayútsa naúşniki?
Şu pillerden verir misiniz?	Дайте, пожалуйста, батарейки?	dayte pajálusta bataréyki?
Lube grubunun son albümü var mı?	Есть ли у вас последний альбом группы Любэ?	yest li u vas paslédnıy albóm grúppı lube?
Fotoğraf makinem için SD karta ihtiyacım var.	Есть ли у вас СД карта для этой фотокамеры.	yest li u vas sd karta dilya étoy fotokámerı.
Sizde flaş bellek bulunur mu?	Есть ли у вас флеш USB?	yest li u vas fleş usb?
Bu fotoğraf makinesinin fiyatı nedir?	Сколько стоит эта фотокамера?	skólka stoit éta fotokámera?
Burada fotoğraflarımı bastırabilir miyim?	здесь можно распечатать фотографии?	zıdés mójna raspiçátat fotográfii?
Lütfen kağıtları gösterir misiniz?	Покажите бумаги, пожалуйста?	pakajíte bumági pajálusta?

Lütfen yavaş konuşun, anlayamıyorum.	Говорите по-очереди, я не могу понять.	gavaríte pa óçeredi, ya ni magu panyát.
Ne arzu edersiniz?	Что Вы желаете?	şto vı jeláyete?
Elbise mağazası nerede?	Где находится магазин одежды?	gıde nahóditsa magazin adéjdı?
Bedeniniz nedir?	Ваш размер?	vaş razmér?
giymek	одевать	adevat
Deneyebilir miyim?	Могу ли я примерить?	magu li ya primérit?
Bana yakıştı mı?	Мне подходит?	mınye padhódit?

Bayan giyim

Elbise satın almak istiyorum.	Я хочу купить **платье.**	ya haçu kupít **plátye.**
Bluz	блузку	blúzku
Etek	юбку	yúbku
Külotlu çorap	колготки	kalgótki
Kot	джинсы	jínsı

Hiç beğenmedim.	Мне не понравился.	mne ni panrávilsya.
Bu elbiseyi denemek istiyorum.	Я хочу примерить это платье.	ya haçu primérit éta plátye.
Nasıl görünüyor?	Как оно на мне сидит?	kak ano na mınye sidít?
Bu etek çok güzel.	Эта юбка очень красивая.	éta yúbka óçin krasívaya.
Bu bluz küçük / uzun / bol.	Эта блуза мала/ длинная / свободна	éta blúzka mála/ dlínnaya / svabódna
Bir beden büyüğünü (küçüğünü) gösterir misiniz ?	Не принесете ли вы мне другую, на размер больше (меньше)?	ni prinisyóte li vı mınye drugúyu, na razmér bólşe (ménşe)?
fazla	лишний	líşniy
yeterli	достаточно	dastátaçna
büyük	большой	balşóy
küçük	маленький	málinkiy

Erkek giyim

Ben palto bakıyorum.	Я ищу пальто.	ya işu paltó.
pardesü	плащ	pláş
takım elbise	костюм	kastyúm
ceket	пиджак	pidják
pantolon	брюки	bıryúki
yelek	жилет	jilet
kravat	галстук	gálstuk
gömlek	рубашку	rubáşku

Gündelik bir takım elbise almak istiyorum.	Я хотел бы купить костюм на каждый день.	ya hatél bı kupít kastyúm na kájdıy den.
Palto gösterir misiniz lütfen!	Покажите мне, пожалуйста, пальто!	pakajíte mınye, pajálusta, paltó!
Bu ceket bana tam oturdu.	Этот пиджак сидит на мне очень хорошо.	état pidják sidít na mınye óçin haraşó.
Hangi kravat bana daha çok yakışıyor?	Какой галстук мне больше подходит?	kakoy gálstuk mınye bólşe padhódit?
Bana kısa kollu tişört lazım.	Мне нужна черная футболка с коротким рукавом.	mınye nujná çyórnaya futbólka sı karótkim rukavóm.
büyük	большой	balşóy
küçük	маленький	málinkiy

Ayakkabı

Ruslara özgü kalın keçeden üretilmiş üzeri işlemeli válinki denilen ve her yıl sadece Rusya'da 10 milyon adet üretilen çizmelerden bir çift de siz edinin.

Valinki ne kadar?	Сколько стоят валенки?	Skólka stóyat válinki

Bana **ayakkabıları** gösterir misiniz lütfen?	Покажите мне, пожалуйста, **туфли**?	pakajíte mınye, pajálusta, **túfli**?
terlikleri	тапочки	tápaçki
çizmeleri	сапоги	sapagí
spor ayakkabıları	кроссовки	krassófki

Bu pantolonun rengine uygun ayakkabı var mı?	Есть ли у вас туфли под свет этих брюк?	yest li u vas túfli pad svét étih bryúk?
Bu küçük. (büyük)	Эти малы. (узки)	éti malı. (úzki)
Ayağım kırk iki numara.	У меня сорок второй размер.	u minya sórak fıtaróy razmér.
Bir büyüğünü (küçüğünü) verir misiniz?	Дайте, пожалуйста, на размер больше? (меньше)	dayte pajálusta na razmer bólşe? (ménşe)

Hediye

Rusya'dan hediye seçmekte hiç zorlanmayacaksınız. Votka, havyar, matruşka, Rus şalı gibi ilginizi çekecek daha pek çok hediyelik bulabilirsiniz. Satın aldığınız yer eğer bir sokak satıcısı ise mutlaka pazarlık yapın.

Bir hediye almak istiyorum.	Я хотел бы купить подарок.	ya hatél bı kupít padárak.
Ama çok pahalı olmasın.	Но не очень дорогой.	no ni óçin daragóy.
Bu yüzük pahalı mı?	Это кольцо дорогое?	éta kaltsó daragóye?
Hayır, sadece 250 avro.	Нет, оно стоит только 200 ЕВРО.	niyet, ano stoít tólka dıvésti yévro.
Çok pahalı.	Это очень дорого.	éta óçin dóroga.

Hediye

El çantası olabilir mi?	Может быть сумочку?	mójıt bıt súmaçku?
Hangi rengi istersiniz?	Какой цвет Вы хотели бы?	kakóy tsvét vı hatéli bı?
Siyah, kahverengi ya da beyaz?	Чёрный, коричневый или белый?	çórnıy, karíçnivıy ili bélıy?
Büyüğü mü, küçüğü mü?	Большую или маленькую?	balşúyu ili málinkuyu?
Bunu inceleyebilir miyim?	Можно посмотреть эту?	mójna pasmatrét étu?
Bu deriden mi?	Она кожаная?	ana kójanaya?
Bu suni deri mi?	Она искусственная?	ana iskústvennaya?
Bu kaliteli bir ürün.	Это особенно хорошее качество.	éta asóbenna haróşiye káçestva.
Bu çantanın fiyatı gerçekten uygun.	Это сумка действительно очень дешёвая.	éta súmka distvítelna óçin dişóvaya.
Hoşuma gitti.	Она мне нравится.	ana mınye nrávitsa.
Bunu alıyorum.	Я её возьму.	ya yiyó vazmú.
Gerekirse değiştirebilir miyim?	Смогу ли я поменять, если будет нужно?	sımagu li ya paminyát yésli búdit nújna?
Hediye paketi yapar mısınız lütfen.	Заверните это в подарочную упаковку, пожалуйста.	zaverníte éta fı padáraçnuyu upakófku pajálusta.

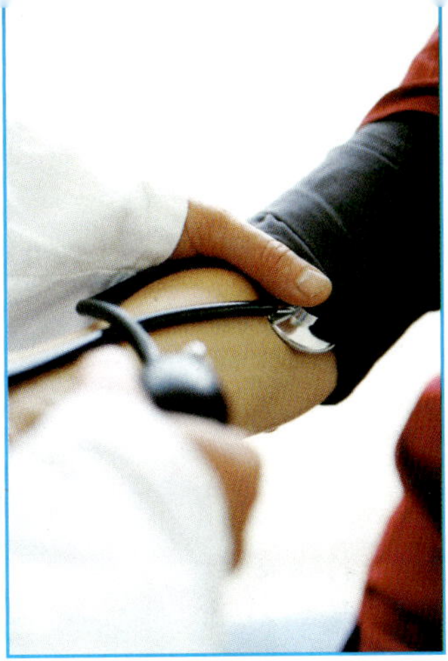

Sağlık

Vücudumuz

Nereniz ağrıyor?
Где у Вас болит?
gıde u vas bali't?

Lütfen ambulans çağırın.
Вызовите, пожалуйста, скорую помощь.
vìzavite pajálusta skóruyu pómaş.

Temel ifadeler

Rusya'da sağlık hizmetlerinin iyi olduğu söylenemez. Mutlaka sağlık sigortası yaptırın ve gerektiğinde en yakın sağlık birimine başvurun. Acil ambulans çağırmak için 03´ü arayın.

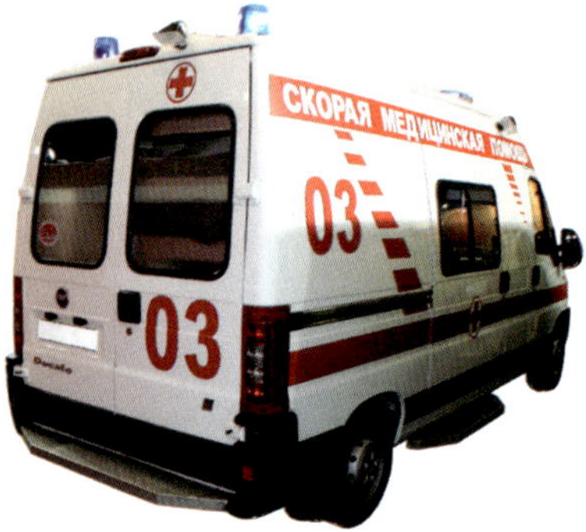

Hasta gibiyim.	Я чувствую себя больным.	ya çúvstvuyu sibyá balnìm.
İyi değilim.	Мне плохо.	mınye plóha.
Lütfen ambulans çağırın.	Вызовите, пожалуйста, скорую помощь.	vìzavite pajálusta skóruyu pómoş.
Lütfen doktor çağırın.	Вызовите, пожалуйста, врача.	vìzavite pajálusta vraçá.
Lütfen beni hastaneye götürün.	Отвезите меня в больницу.	atvizíte minya v balnítsu.
Nasılsınız?	Как Ваши дела?	kak váşi dilá?
Teşekkürler, bugün daha iyiyim.	Спасибо, мне сегодня лучше.	spasíba, mınye sivódniya lúçşi.

Bugün solgun görünüyorsunuz.	Что-то Вы бледны сегодня.	şto-ta vı blednì sivódniya.
Şikayetiniz nedir?	На что жалуетесь?	na şto jáluyutes?
Nereniz ağrıyor?	Где у Вас болит?	gıde u vas balít?
Şeker hastasıyım.	У меня диабет.	u minya diyabét.
Penisiline alerjim var.	У меня аллергия на пенициллин.	u minya allergíya na penitsilín.
Doktora gitmeniz gerekir.	Вам следует пойти к врачу.	vam sléduyet paytí kı vraçú.
Ciddi bir rahatsızlık olmadığını düşünüyorum.	Думаю, что ничего серьёзного.	dúmayu şto niçivó seryóznava.

Rusyáda kan grupları (rh) sistemiyle değil, rakamlarla ifade edilmektedir.

Örneğin kan grubu (Arh+) olan birisi Rusça: 2(+)

У меня вторая положительная.
u minya ftaráya palajítelnaya demelidir.

pozitif	положительная	palajítelnaya
negatif	отрицательная	atritsátelnaya
(O)	(I) первая	pérvaya
(A)	(II) вторая	fıtaráya
(B)	(III) третья	trétya
(AB)	(IV) четвёртая	çitvyórtaya

Şikâyetler

Kendimi pek iyi hissetmiyorum.	Я не очень хорошо себя чувствую.	ya ni óçin haraşó sibya çúvstvuyu.
Kendimi çok kötü hissediyorum.	Я очень плохо себя чувствую.	ya óçin plóha sibya çúvstvuyu.
Devamlı sırt ağrım var.	У меня постоянные боли в спине.	u minya pastayánnıye bóli fı spiné.
Yorgun hissediyorum.	Я чувствую себя усталым.	ya çúvstvuyu sibya ustálım.
Bu gece az uyudum.	Я мало спал сегодня ночью.	ya mála spal sivódniya nóçyu.
Ateşim yüksek.	У меня температура.	u minya temperatúra.
Ayağım kırıldı.	Я сломал ногу.	ya slamál nógu.
Ben soğuk almışım.	Я простудился.	ya prastudílsa.
Nezle olmuşum.	У меня насморк.	u minya násmork.
Öksürüyorum.	У меня кашель.	u minya káşel.
Zehirlenmişim.	У меня отравление.	u minya atravléniye.

Midem ağrıyor.	У меня болит **желудок.**	u minya balít **jelúdak.**
Başım	голова	galavá
Boğazım	горло	górla
Belim	поясница	payasnítsa

Eczane

Ruslar belki de hastaneden çok eczaneye giderler. Çok sayıda ve yaygın biçimde eczane bulabilirsiniz. Kendi kendilerini tedavi etmeye çalışırlar. Bu yüzden eczanelerde reçetesiz satılan fazlaca ilaç bulunabilir. Eczacılar genel olarak bilgilidir ve sorununuza çözüm olacak ilacı verebilirler.

Öksürük için bir ilaç almak istiyorum.	Дайте мне, пожалуйста, что-нибудь от **кашля.**	dayte mınye pajálusta şto nibud at **káşliya.**
Nezle	насморка	násmorka
Baş ağrısı	головной боли	galavnóy bóli
Diş ağrısı	зубной боли	zubnóy bóli

En yakın eczane nerede?	Где ближайшая аптека?	gıde blijáyşaya aptéka?
Bu reçetedeki ilaçları istiyorum.	Мне нужно лекарство по этому рецепту.	mınye nújna lekárstva pa étomu retsépty.
Ağrı kesici almak istiyorum.	Хочу купить болеутоляющее.	haçu kupít boleutolyáyuşiye.

Eczane

Diş fırçası alabilir miyim?	Дайте, пожалуйста, зубную пасту?	dayte pajálusta zubnúyu pástu?
Diş macunu alabilir miyim?	Дайте, пожалуйста, зубную щетку?	dáyte pajálusta zubnúyu şyótku?
Bu ilaçları günde üç kere alın.	Принимайте это три раза в день.	prinimáyte éta tri ráza v den.
Yemekten sonra.	После еды.	pósli yédı.
Yemekten önce.	Перед едой.	pered yedóy.

Diş hekimi

Dişim ağrıyor.	У меня болит зуб.	u minya balít zub.
Dişimin çekilmesini istemiyorum.	Я не хочу удалять зуб.	ya ni haçu udalyát zub.
Diş dolgum düştü.	У меня выпала пломба.	u minya vìpala plómba.
Diş etim kanıyor.	У меня кровоточат десны.	u minya kravataçát dyósnı.
Bazı ilaçlara karşı alerjim var.	У меня аллергия на некоторые лекарства.	u minya alergíya na nikatórıye lekárstva.
Dişimi kırdım.	Я сломал зуб.	ya slamál zub.

Vücut bölümleri

ağız	рот	rot
ayak	ступня	stupnyá
bacak	нога	nagá
baş	голова	galavá
bel	шея	şéya
beyin	мозги	mazgí
bıyık	усы	usì
bilek	запястье	zapyástye
burun	нос	nos
çene	подбородок	podbaródok
deri	кожа	kója
dil	язык	yazìk
dirsek	локоть	lókot
diz	колено	koléno
dudak	губы	gúbı
el	рука	ruká
göbek	пупок	pupók
göğüs	грудная клетка	grudnáya klétka
göz	глаз	gláz
kalça	бёдра	bö'dra
kalp	сердце	sértse

Vücut bölümleri

karın	живот	jivót
kaş	бровь	brov
kol	рука	ruká
kulak	уши	úşi
meme	груди	grúdi
mide	желудок	jelúdak
omuz	плечи	pléçi
parmak	палец	pálets
saç	волосы	vólası
sakal	борода	baradá
tırnak	ноготь	nógot
yüz	лицо	litsó

İş Yaşamı

Bugün dolar ne kadar?
Какой сегодня курс доллара?
kakóy sivódniya kurs dollara?

Ödeme malın tesliminde yapılacak.
Оплата сразу после доставки товара.
apláta sırázu pósli dastáfki tavára.

Temel ifadeler

Bugün döviz ne kadar?	Какой сегодня курс доллара?	kakóy sivódniya kurs dollara?
Boris İvanov ile görüşmek isterdim.	Я хотел бы видеть Бориса Иванова.	ya hatél bı vídit borísa ivanóva.
Firmanın sahibi kim?	Кто владелец фирмы?	kto vladélets fírmı?
Firmanız ne iş yapıyor?	Чем занимается ваша фирма?	çem zanimáyetsa vaşa fírma?
Hangi ülkelere ihracat yapıyorsunuz?	В какие страны вы экспортируете продукцию?	fı kakíe stranì vı eksportíruyete pradúksiyu?
Evrakları ne zaman alabiliriz?	Когда вы сможете передать нам документацию?	kagdá vı smójite peredát nam dakumentátsiyu?
Evraklar gelmediği için malları yükleyemiyoruz.	Так как документы не прибыли, мы не можем отгрузить товар.	tak kak dakuméntı ni príbıli, mı ni mójım atgruzít tavár.

Ödeme koşullarını konuşmamız lazım.	Надо поговорить об условиях платежа.	náda pagavarít ab uslóviyah platijá.
Sipariş etmek isteriz.	Мы хотели бы заказать.	mı hatéli bı zakazát.
Fiyat teklifimiz CIF´tir.	Наше предложение на условиях CIF.	náşı pridlajéniye na uslóviyah SİF.
Fiyatlarınız bize yüksek geldi.	Ваши цены несколько высоки.	váşi tsenì nyeskólka vısokí.
Fiyatı biraz düşürün.	Можете ли вы предоставить нам скидку?	mojìte li vı predastávit nam skídku?
Fiyatınızı % 25 düşürün.	Снизьте цену на 25 процентов.	snizíte tsénu na dvátsat piyat protséntov.
Bu fiyatlar yıl sonuna kadar geçerlidir.	Назначенные цены сохранятся до конца года.	naznáçennıe tsenì sahranyátsa da kantsa góda.

Şirket içi idari görevler

Satış Müdürü	Главный менеджер по продажам	glávnıy menédjır pa pradájam
Müşteri Hizmetleri Müdürü	Менеджер по работе с клиентами	ménedjır pa rabóte sı kliyéntami
Personel Müdürü	отдел кадров	atdél kádrov
İnsan Kaynakları Müdürü	Менеджер по персоналу	ménedjır pa persanálu
Ofis Yöneticisi	Офис менеджер	ófis ménedjır
Şirket Sekreteri	Секретарь	sekretár
Muhasebe Müdürü	Бухгалтер	buhgálter
Teknik Direktör	Технический директор	tehníçeskiy diréktır
Arge Müdürü	Ресерч-менеджер	risörç ménedjır
Üretim Direktörü	Производственный директор	praizvódstvennıy diréktır
Fabrika Müdürü	Директор завода	diréktır zavóda

Tatil, Eğlence, Spor ve Sosyal Yaşam

Boş zamanlarınızı nasıl geçirirsiniz?
Как вы проводите свободное время?
kak vı pravódite svabódnoye vrémya?

Sizi dansa davet edebilir miyim?
Могу ли я пригласить вас на танец?
magu li ya priglasi't vas na tánets?

Eğlence

Boş zamanlarınızı nasıl geçirirsiniz?	Как вы проводите свободное время?	kak vı pravódite svabódnoye vrémya?
Fotoğraf çekmekten hoşlanırım.	Я увлекаюсь **фотографией.**	ya uvlikáyus **fotográfiyey.**
Balık tutmaktan	Рыбной ловлей.	rìbnay lóvley.
Gezmekten	Туризмом.	turízmom.
En çok ne yapmayı seviyorsunuz?	Какое ваше любимое занятие?	kakóye váşe lübímoye zanyátiye?
Okumayı seviyorum.	Я люблю **читать.**	ya lublyú **çitát.**
Yazmayı	писать	pisát
Yemek pişirmeyi	готовить	gatóvit
Dans etmeyi	танцевать	tantsevát
Enstrüman çalıyor musunuz?	Вы играете на каком-либо инструменте?	vı igráyete na kakóm-líbo instruménte?
Ben **gitar** çalıyorum.	Я играю на **гитаре.**	ya igráyu na **gitáre.**
keman	на скрипке	na skrípke
piyano	на пианино	na pianíno
bağlama	на сазе	na saze
Otelde **sauna** var mı?	Есть ли в отеле **сауна**?	yest li v otéle **sáuna**?
bilardo salonu	биллиардная	billiárdnaya
disko	дискотека	diskatéka
havuz	бассейн	basséyn

Bu akşam ne yapıyorsunuz?	Что вы делаете сегодня вечером?	şto vı délayete sivódniya véçıram?

Bara gidelim mi?	Пойдемте в **бар.**	paydyómte **v bar.**
saunaya	в сауну	vı sáunu
diskoya	на дискотеку	na diskatéku
havuza	в бассейн	vı basséyn

Size katılabilir miyim?	Могу ли я присоединиться к вам?	magú li ya prisaedinítsya kıvam?
Yanınıza oturabilir miyim?	Могу ли я сесть рядом с вами?	magú li ya syest ryádam sıvámi?

Sizi **dansa** davet edebilir miyim?	Могу ли я пригласить вас **на танец**?	magu li ya priglasít vas **na tánets**?
kulübe	в клуб	fı klub
tiyatroya	в театр	fı teátr
konsere	на концерт	na kantsért

Buraya sık gelir misiniz?	Вы здесь часто бываете?	vı zdés çásta bıváyete?
Müzik hoşunuza gidiyor mu?	Как вам нравится музыка?	kak vam nrávitsya múzıka?
Birlikte bir şeyler içelim mi?	Выпьем что- нибудь вместе?	vìpyem şıto-nibud vıméste?
akordiyon	аккордеон	akkordeón
akşam partisi	вечеринка	veçerínka

Sosyal yaşam

bağırmak (çığlık)	крик	krik
balık tutma	рыбалка	rıbálka
çizgi film	мультфильм	multfílm
edebiyat	литература	literatúra
fısıldamak	шептать	şiptát
fısıltı	шепот	şöpót
flüt	флейта	fléyta
gitar	гитара	gitára
güneşlenmek	загорать	zagarát
gürültü yapmak	шуметь	şumít
gürültülü	шум	şum
hayvanat bahçesi	зоопарк	zoopárk
heykel	статуя	státuya

ıslık	свисток	svistók
keman	скрипка	skrípka
komedi	комедия	kamédiya
korku filmi	фильм ужасов	film újasof
koro	хор	hor
müzik	музыка	múzıka
Noel	Рождество	rajdistvó
Noel Baba	Дед Мороз	ded maróz
oyuncak	игрушка	igrúşka
oyuncak ayı	плюшевый медведь	plúşevıy medvéd
oyuncak bebek	кукла	kúkla
palyaço	клоун	klóun
park	парк	park
piknik	пикник	pikník
piyano	пианино	pianíno
piyes	пьеса	piyésa
polisiye roman	детектив	detektív
portre	портрет	partrét
rahatlamak	расслабляться	rasslablyátsa
realistik	реалистичный	realistíçnıy
resim	картина	kartína
ressam	художник	hudójnik

Sosyal yaşam

rol	роль	rol
roman	роман	román
saksafon	саксофон	saksafón
ses	звук	zvúk
sinema	кинотеатр	kinotiyátr
sirk	цирк	tsirk
şair	поэт	paét
şaka yapmak	шутить	şutít
şarkı	песня	pésnya
şarkı söylemek	петь	pet
şarkıcı	певец	pivéts
şiir	поэма	paéma
tiyatral	театральный	teatrálnıy
televizyon programı	телепрограмма	telepragrámma
tiyatro	театр	teátr
trombon	тромбон	trambón
trampet	труба	trubá
tur	путешествие	puteşéstviye
uzaktan kumanda	пульт управления	pult upravléniya
valiz	чемодан	çimadán
vals	вальс	váls
yazar	автор	áftar

Turizm bürosu nerede?	Где тут туристическое бюро?	gıde tut turistíçeskoye büro?
Şehir planınız var mı?	У Вас есть карта города?	u vas yest kárta górada?
Plaj nerede?	Где находится пляж?	gıde nahóditsa plaj?
Plaj temiz mi?	Пляж чистый?	plaj çístıy?
Oradan denize girilebiliyor mu?	Там можно купаться?	tam mójna kupátsa?
Oradan denize girmek tehlikeli mi?	Там не опасно купаться?	tam ni apásna kupátsa?
(erkek için) Nereden mayo satın alabilirim?	Где я могу купить плавки?	gıde ya magu kupít plávki?

Deniz-plaj

(bayan için) Nereden mayo satın alabilirim?	Где я могу купить купальник?	gıdé ya magú kupít kupálnik?
Plaj taşlı mı, kumlu mu?	Пляж каменистый или песочный?	plaj kamennístıy ili pesóçnıy?
Oraya nasıl gidebilirim?	Как туда добраться?	kak tuda dobrátsa?
Plaj paralı mı, ücretsiz mi?	Пляж платный или бесплатный?	plaj plátnıy ili bezplátnıy?
Su ılık mı acaba?	Теплая ли вода сегодня?	téplaya li vada sivódniya?
Derin mi?	Здесь глубоко?	zıdés glubokó?
Suyun ısısı kaç derece?	Какая температура воды?	kakáya temperatúra vadì?
Sende havlu var mı?	У тебя есть полотенце?	u tibyá yest palaténtse?
Kısa süre eşyalarıma bakar mısınız lütfen?	Можете присмотреть за моими вещами?	mójıte prismatrét za mayími veşámi?
Şemsiye lazım.	Мне нужен зонтик.	mınye nújen zóntik.
Burada güneş şemsiyesi kiralanabiliyor mu?	Можно здесь взять напрокат зонт от солнца?	mójna zıdés vızyát na prakát zont at sólntsa?

Burada **soyunma kabini** var mı?	Есть ли здесь **кабинка для переодевания**?	yest li zıdés **kabínka dilya pereadivániya**?
duş	душ	duş
kafe	кафе	kafe

Su kayağı yapmak istiyorum.	Хочу покататься на водных лыжах.	haçu pakatátsa na vódnıh lìjah.
Deniz gezintisi (mavi tur) yapmak isterdim.	Я бы хотел совершить морскую прогулку.	ya bı hatél saverşít morskúyu pragúlku.
Deniz gezintisi ne kadar sürüyor?	Сколько продлится прогулка?	skólka pradlítsa pragúlka?
Ne zaman kalkıyoruz?	Когда отходит лодка?	kagda athódit lódka?
Dalış yapmak isterdim.	Я хотел бы понырять.	ya hatél bı panıryát.
Dalgıç teçhizatı kiralanabiliyor mu?	Можно взять напрокат снаряжение для дайвинга?	mójna vızyát na prakát snaryajéniye dilya dáyvinga?

Kiralık **kayık** var mı?	Есть ли прокат **лодок**?	yest li prakat **lódok**?
su bisikleti	водных велосипедов	vódnıh vilesipédof
su kayağı	водных лыж	vódnıh lıj

Spor-futbol

Rusya'nın en popüler futbolcularından olan 1981 doğumlu Andrey Arşavin, aynı zamanda Rusya ve Avrupa liglerinin en değerli oyuncularındandır. İngiltere'nin Arsenal takımına transfer olduktan sonra adından çok söz ettiren Arşavin hakkında Wikipedia'da ilgi çekici bilgiler bulunuyor: Lakabı Küçük Çar (Маленький царь), çocukluğundan beri tuttuğu takım ise İspanyol Barselona.

Ben futbol oynamayı seviyorum.	Я люблю играть в футбол.	ya lublyu igrát vı futbol.
Hangi takımı tutuyorsunuz?	За какую команду болеете?	za kakúyu komándu baléyete?
Bugün futbol maçı var mı?	Есть ли сегодня футбольный матч?	yest li sivódniya futbolnìy matç?
Stadyuma nasıl gidilir?	Как добраться до стадиона?	kak dabrátsa da stadióna?
Bilet fiyatı nedir?	Сколько стоит билет?	skólka stoit bilet?
Golü kim attı?	Кто забил гол?	kto zabil gol?
forvet	нападающий	napadáyuşiy

orta saha oyuncusu	левый полусредний	léviy polusrédniy
sol açık	левый полузащитник	léviy poluzaşítnik
sağ açık	правый полузащитник	práviy poluzaşítnik
kaleci	вратарь	vratár
hakem heyeti	судейская коллегия	sudéyskaya kallégiya
çizgi hakemi	судья на линии	sudyá na líniyi
dördüncü hakem	четвертый судья	çitvértıy sudyá
forma	спортивная форма	sportívnaya forma
krampon	кроссовки для футбола	krassófki dilya futbola
şort	шорты	şórtı
eldiven	перчатки	pirçátki
yarış ayakkabısı	шиповки	şipófki
çorap	носки	naskí
teknik direktör	тренер	tréynır
kulüp başkanı	президент	prezidént
takım arkadaşı	товарищ по команде	taváriş pa kamánde
milli takım	национальная сборная	natsionálnaya zbórnaya

Spor-futbol

lig	лига	líga
şampiyona	чемпионат	çempionát
ucuz koltuk	дешевые места для зрителей	dişóvıye mesta dilya zríteley
açık tribün	открытая трибуна	atkrìtaya tribúna
yedek oyuncular	запасные игроки	zapasnìye igrakí
top	мяч	miyaç
kaptan	капитан	kapitán
kırmızı kart	красная карточка	krásnaya kártaçka
sarı kart	желтая карточка	jyóltaya kártáçka
oyun	игра	igrá
kural ihlali	нарушение	naruşéniye
savunma	защита	zaşíta
topa sahip olma	владение мячом	vıladéniye miyaçom
gol atma	забить гол	zabít gol
golcü	бомбардир	bambardír
faul	фол	fol
faul yapmak	совершить фол	saverşít fol
orta yuvarlak	центральный круг	tsentrálnıy krug
derin (uzak) pas	глубокий пас	glubókiy pas
orta çizgi	средняя линия	srednyáya líniya
köşe vuruşu	угловой удар	uglavóy udar
kale çizgisi	линия ворот	líniya varót
kontratak	контратака	kontratáka

topu göğsüyle öldürmek	отбить мяч грудью	otbít miyaç grúdyu
topu durdurmak	остановить мяч	astanavít myaç
yarı final maçı	полуфинальный матч	polufinálnıy matç
çeyrek final	четверть финала	çetvertfinála
grup maçları	квалификационные матчи	kvalifikatsiónnıye matçi
hazırlık maçları	предварительные матчи	predvarítelnıye mátçi
şampiyon	чемпион	çempion
galibiyet	победа	pabéda
yenilgi	поражение	parajéniye
kazanmak	победить	pabedít
kaybetmek	проиграть	praigrát
A, B, C grupları	группы A,B,C	grúppı A, B, C
rakip takım	команда противника	kamánda pratívnika
ceza vuruşu	штрафной удар	ştrafnóy udár
endirekt serbest vuruş	непрямой свободный удар	nipriyamóy svabódnıy udar
kale vuruşu	удар от ворот	udar at varót
ceza sahası	штрафная площадка	ştrafnáya plaşádka
final maçı	финальный матч	finálnıy matç
rakip oyuncudan topu almaya çalışmak	пытаться перехватить мяч у другого игрока	pıtátsa perehvatít miyaç u drugóva igraká

Spor-futbol

dostluk maçı	товарищеский матч	taváríşeskiy matç
sportif olmayan davranış	неспортивное поведение	nesportívnoye pavedéniye
(seri) penaltı atışları	серия пенальти	sériya penálti
ek süre	добавочное время	dabávaçnae vrémya
oyuncuyu tutmak	держать игрока	dirját igraká
normal süre	основное время	asnavnóye vrémya
ofsayt	положение вне игры	palajéniye vné igrì
ofsayta düşürmek	офсайдная ловушка	ofsaydnaya lavúşka
ceza vuruşuna karar vermek	назначить штрафной удар	naznáçit ştrafnóy udár
galibiyet golü	победный гол	pabédnıy gol
altın gol	золотой гол	zalatóy gol
geri pas	пас спиной	pas spinóy
bitiş düdüğü	финальный свисток	finálnıy svistók
Kaç kaç?	какой счет?	kakóy şöt
takım tutmak	поддержать команду	paddirját kamándu
taraftar	болельщики	balélşiki
yorumcu	комментатор	kommentátor

kontrat imzalamak	подписать контракт	padpisat kantrakt
kontrat süresini uzatmak	продлить контракт	pradlít kantrakt
topu kontrolünde tutmak	держать мяч под контролем	dirját míyaç pad kantrólem
oyuncu değişikliği	замена	zaména
teknik personel	технический персонал	tehníçeskiy personál
kulüp başkanı, sahibi	владелец клуба	vıladélets klúba
masör	массажист	massajíst
fizyoterapist	физиотерапевт	fizioterapéft
antrenör	спортивный тренер	sportívnıy tréynır
takım doktoru	врач команды	vraç kamándı
delegasyon	делегация	delegátsiya
kırmızı (sarı) kart görmek	получить красную (желтую) карточку	paluçít krásnuyu (jyóltuyu) kártaçku
transfer	трансфер	transfer
yarı finale çıkmak	пробиться в четвертьфинала	prabítsa fı çétvertfinála
derbi maç	футбольные дерби	futbólnıye dérbi
doping kontrol	антидопинг-контроль	antidóping kantról
son iki yılın şampiyonu	двукратный чемпион	dvukrátnıy çempión

Spor-futbol

son üç yılın şampiyonu	трехкратный чемпион	triyohkrátnıy çempión
sezon	сезон	sizón
lig fikstürü	календарь игр	kalendár ígır
oyuncuyu uyarmak	предупредить игрока	predupredít igraká
top toplayıcı çocuk	мальчик, подбирающий мячи	málçik padbiráyuşiy miyáçi
rakibin kalesine pas	пас в сторону ворот противника	pas fı stóronu varót pratívnika
maç istatistikleri	матчевая статистика	matçeváya statístika
kulüp marşı	гимн клуба	gimn klúba
futbolcu menajeri	агент футбольного игрока	agént futbólnava igraká

Kuaför-güzellik salonu

Otelde kuaför var mı?	В гостинице есть парикмахерская?	v gastínitse yest parikmáherskaya?
Yakınlarda kuaför var mı?	Поблизости есть парикмахерская?	pablízasti yest parikmáherskaya?
Ne kadar ödemem gerekecek?	Сколько это будет стоить?	skólka éta búdit stóit?
Ne zaman geleyim?	Когда мне прийти?	kagda mınye prití?

Bayan kuaförü

Saçınızı nasıl keselim?	Как вас подстричь?	kak vas padstríç?
Saçlarımı yıkatmak istiyorum.	Я хочу вымыть голову.	ya haçu vìmıt gólovu.
saçlarımı kestirmek	Сделать стрижку.	zıdélat stríjku.
kesimini değiştirmek	Изменить прическу.	izmenít priçósku.
saçımı düzeltmek	Поправить стрижку.	paprávit stríjku.

Bayan kuaförü

Bana nasıl bir şey yakışır?	Что мне пойдет?	şto mınye paydyót?
Sadece düzeltin lütfen.	Пожалуйста, просто подровняйте.	pajálusta prósta padravnyáyte.
Ben perma yaptıracaktım.	Я бы хотела сделать химзавивку.	ya bı hatéla zıdélat himzavífku.
Saçlarımı boyatacaktım.	Я хочу покрасить волосы.	ya haçu pakrásit vólısı.

Saçımı **sarıya** boyayın.	Покрасите мне волосы в **блондинку.**	pakrásite mınye vólası vı **blandínku.**
siyaha	брюнетку	bryünétku
kızıla	рыжую	rìjuyu
bu renge	этот цвет	état tsvet
aynı renge	тот же цвет	tot je tsvet

Makyaj yaptırmak istiyorum.	Сделайте мне, пожалуйста, **макияж.**	zıdélayte mınye pajálusta **makiyáj.**
Manikür	маникюр	manikyúr
Pedikür	педикюр	pedikyúr

Lütfen tırnaklarımı kısaltın.	Пожалуйста, подравняйте ногти.	pajálusta padravnyáyte nógti.
Kaşlarımı şekillendirin.	Подправьте форму бровей.	padprávte fórmu brovéy.

Erkek kuaförü

Saçlarımı kestirmek istiyorum.	Я хочу постричься.	ya haçu pastríçsa.
Sakal tıraşı olacağım.	Я хочу побриться.	ya haçu pabrítsa.
Çok bekleyecek miyim?	Долго ли ждать?	dólga li jdat?
Saçlarımı kısa kesin.	Постригите меня покороче.	pastrigíte minyá pakaróçe.
Saçlarımı çok kısa kesin.	Постригите меня коротко.	pastrigíte minya kórotka.

Önlerden biraz alın.	Подравняйте немного **спереди**.	padravnyáyte nimnóga **spéredi**.
Yanlardan	с боков	sı bokóv
Arkadan	сзади	sızádi
Üstten	сверху	sıvérhu
Yeterli	достаточно	dastátaçna

Lütfen biraz **jöle** sürün.	Пожалуйста, немного **геля**.	pajálusta nimnóga **gélya**.
krem	крема	kréma
losyon	лосьона	losyóna

a
acele etmek speşít спешить
acıkmak progaladátsa проголодаться
aç galódnıy голодный
açık atkríto открыто
açıklamak obesniyát объяснять
açmak atkrıvát открывать
adil, dürüst spravedlívo справедливо
adres ádres адрес
affetmek prastít простить
ağız rot рот
ağlamak plákat плакать
ağrı bol боль
ağustos ávgust август
aile semyá семья
akıllı úmnıy умный
akraba ródstvennik родственник
akşam véçır вечер
akşam yemeği újın ужин
aktarma peresádka пересадка
alabalık forél форель
alkollü içki alkogólnıy napítok алкогольный напиток
allık rumyána румяна
almak brat брать
altın rengi zalatóy золотой
altında, altına pod под
amatör lyubítel любитель
amca, dayı dyádya дядя
ameliyat operátsiya операция
ana yemekler goryáçiye blyúda Горячие блюда
anahtar klyuç ключ
anahtarlık brilók брелок
anaokulu détskiy sad детский сад
anlamak panimát понимать
anlaşmak dagavárivatsa договариваться
anne máma мама
anneanne bábuşka бабушка
antrenör tréynır тренер
apartman dom дом
araba maşína машина
araba yarışı avtomobílniye gónki автомобильные гонки
aralık dekábr декабрь
aramak iskát искать
arasında paseredíne по середине
araştırmak isslédovat исследовать
ardından pósle после
arkada sızádi сзади
arkadaş drúg друг
arkasında szádi сзади
armut grúşa груша
Arnavut ciğeri járennaya péçen жаренная печень
arz predlajéniye предложение
aseton atsetón ацетон
asi nipakórnıy непокорный
asker saldát солдат
asla nikagdá никогда
aşçı póvar повар
âşık olmak bıt vlüblyónnım быть влюбленным
at lóşad лошадь
at yarışı skáçki loşadéy скачки лошадей
atlet begún бегун
atletizm atletizm атлетизм
atmak (fırlatmak) víbrosit выбросить

avukat advakát адвокат
ay mésyats месяц
Ay luná луна
ayak stupnyá ступня
ayakkabı óbuf обувь
ayakta durmak stayát na nagáh стоять на ногах
ayarlamak reagírovat реагировать
ayı medvéd медведь
ayırmak razdelít разделить
ayran ayrán айран
ayrılmak rastavátsa расставаться
ayva ayva айва

b

baba pápa папа
babaanne bábuşka бабушка
bacak nagá нога
bagaj fazlası líşnıy ves лишний вес
bağımsız nezavísimıy независимый
baharatlar priprávı приправы
bahçe sad сад
bakan minístr министр
bakanlık ministérstvo министерство
baklava baklavá баклава
bal záftrak Завтрак
balkon balkón балкон
banyo vánna ванна
bardak stakan стакан
basketbol basketbol баскетбол
baş galavá голова
başarmak uspét успеть
başbakan primer-minístır премьер-министр
başkent stalítsa столица
başlamak naçinát начинать
batı západ запад
battaniye adiyála одеяло
bavul, valiz çimadán чемодан
bay mujskóy Мужской [М]
bayan jénskiy Женский [Ж]
bayat nisvéjiy несвежий
bazen inagdá иногда
becerikli lófkiy ловкий
bej béjevıy бежевый
bekâr halastóy холостой
bekâr halastyák холостяк
bekleme salonu zal ajidániya зал ожидания
beklemek jıdát ждать
belediye mériya мэрия
belediye başkanı mer мэр
bencil egoíst эгоист
benzemek pahadít походить
benzin istasyonu avtozaprávka автозаправка
berber parikmáherskaya Парикмахерская
beyaz bélıy белый
beyin mozg мозг
bezelye zilyónıy garóh зелёный горох
bıçak noj нож
biber pérets перец
biftek bifştéks бифштекс
bikini kupálnik купальник
bilardo bilyárd бильярд
bilek zapyástye запястье
bilet bilet билет
bilezik braslét браслет
bilgili úmnıy умный
bilgisayar kampyútır компьютер

bilmek znat знать
bira píva пиво
bisiklet velosipéd велосипед
bitirmek (sona erdirmek) zakónçit закончить
bluz blúzka блузка
boğa bık бык
boğulmak utanút утонуть
boks boks бокс
bonfile filye филе
bornoz bánnıy halát банный халат
borsa bírja биржа
boş svabódna Свободно
boş pustóy пустой
boy - kilo rost – ves рост - вес
boyacı molyár моляр
boyamak krasit красить
boyun şéya шея
bozuk ni rabótayet Не работает
bugün sivódnya сегодня
bulmak naytí найти
buluşmak vstrétitsa встретиться
bulutlu pakrítıy ablakámi покрытый облаками
burun nos нос
buz pateni katániya na konkáh катания на коньках
buzdolabı haladílnik холодильник
buzlu mátovıy матовый
büyük balşóy большой
büyümek vızraslét взрослеть
can yeleği spasátelnıy krug спасательный круг
cankurtaran spasátel спасатель

Cazibeli, çekici privlikátelnıy привлекательный
ceket pidják пиджак
cep telefonu mobílnıy telefon мобильный телефон
cesur smélıy смелый
cetvel linéyka линейка
cevap atvét ответ
cevap vermek otveçát отвечать
cımbız pintsét dilya brovéy пинцет для бровей
ciğer péçin печень
cin cin джин
cinsiyet pol пол
cuma pyátnitsa пятница
cumartesi subbóta суббота
cumhurbaşkanı prezidént президент

Çağırmak zvat звать
çakmak zajigálka зажигалка
çalışkan truda lübívıy трудолюбивый
çalışma izni litsénziya na trud лицензия на труд
çalışmak rabótat работать
çalmak (müzik) igrát играть
çamaşır makinası stirálnaya maşína стиральная машина
çarşaf prastınyá простыня
çarşamba sredá среда
çarşı rínok Рынок
çatal vílka вилка
çay çay чай
çaydanlık çáynik чайник

çekiniz kı sibyé К себе
çene podbaródak подбородок
çıkış víhad Выход
çiçekçi pradavéts tsvetóv продавец цветов
çiftçi zemledélets земледелец
çilek klubníka клубника
çirkin stráşnıy страшный
çizme sapagí сапоги
çizmek risavát рисовать
çoban salata salat svéjiy салат свежий
çocuk ribyónok ребёнок
çocuklar déti дети
çorap naskí носки
çorbalar supí Супы
çöp atmayınız músar ni brasát Мусор не бросать

dağcılık alpinízm альпинизм
daima pastayánna постоянно
daire kvartíra квартира
dakika minúta минута
damat zyat зять
damla káplya капля
danışma správaçnaya справочная
danışma bürosu informatsiónnoye byüró информационное бюро
danışmak sovyétovatsa советоваться
danışman sovyétnik советник
dar úzkiy узкий
davacı istéts истец
davet etmek priglaşát приглашать
-de, -da v, na в,на
dede déduşka дедушка
defans (savunma) zaşíta защита
defter titrád тетрадь
değiştirmek pomenyát поменять
deli, çılgın sumaşédşiy сумашедший
demir yolu jeléznaya daróga железная дорога
demokrasi demokrátiya демократия
–den beri s teh por с тех пор
–den önce do étogo до этого
–den, –dan iz, s из, с
–den dolayı, için vslédstvii étava, dilya вследствие этого, для
denemek próbovat пробовать
deneyimli ópıtnıy опытный
deniz ürünleri moreprodúktı Морепродукты
derece grádus градус
deri kója кожа
derin glubókiy глубокий
ders urók урок
ders programı raspisániye urókov расписание уроков
devam etmek pradalját продолжать
dışında za за
dikkat vnimániye внимание
dikkat etmek bıt vnimátelnım быть внимательным
dikkatli vnimátelnıy внимательный
dikkatsiz nivnimátelnıy невнимательный
dil yazık язык
dindar (inançlı) véruyuşiy верующий

dinlemek slúşat слушать
dinlenmek otdıhát отдыхать
diploma diplóm диплом
dirsek lókot локоть
diş fırçası zubnáya şyótka зубная щетка
diş hekimi stomatólog стоматолог
diş macunu zubnáya pásta зубная паста
diz koléno колено
doğru právilna правильно
doğu vostók восток
doğum yeri mésta rajdéniya место рождения
doktor vraç врач
dokunmak trógat трогать
doldurmak napolnyát наполнять
dolma kalem çernílnaya rúçka чернильная ручка
dolu grad град
dolu pólnıy полный
domates pamidór помидор
domuz svinyá свинья
don maróz мороз
dondurma marójennoye мороженное
dosya pápka папка
dönmek vernút вернуть
dövüşmek drátsa драться
dudak gúbı губы
dur stóy стой
durak astanófka остановка
duş duş душ
dut tutóvnik тутовник
duvar stená стена
dün fçerá вчера
düşmek upást упасть
düşünmek dúmat думать

e
ebeveyn radíteli родители
-e kadar stólka столька
eczacı farmatsévt фармацевт
eczane aptéka аптека
eğitim obrazovániye образование
ekim oktyábr октябрь
eklemek dabávit добавить
ekmek hléb хлеб
el ruka рука
el çantası ruçnáya súmka ручная сумка
el kremi krem dilya ruk крем для рук
elbise plátye платье
eldiven pirçátki перчатки
elektrik süpürgesi pılisós пылесос
elektrikçi eléktrik электрик
eli açık, cömert şédrıy щедрый
elma yábloka яблоко
emanet hranéniye хранение
emekli pensionér пенсионер
emlakçı mákler маклер
emretmek prikázıvat приказывать
endişe etmek perejivát переживать
endişeli ni spakóynıy неспокойный
erik slíva слива
erkek (e) muşína мужчина (М)
erkek kardeş brat брат
erken rána рано
ertelemek atkıládıvat откладывать
esmek (rüzgâr) dut дуть
esmer brünétka брюнетка

eşarp platók платок
eşek asyól осёл
eşofman sportívnıy kastyúm спортивный костюм
et myása мясо
etek yúbka юбка
etkilemek déystvovat действовать
etrafında vokrúg вокруг
ev dom дом
ev hanımı domahazáyka домохозяйка
evlenmek (erkekler için söylenir) jenítsa жениться
evli (erkek) jenátıy женатый
evli (kadın) zamújnyaya замужняя
evraklar dokuméntı докуметы
eylül sentiyábr сентябрь

f

fakir, zavallı bédnıy бедный
fakülte fakultét факультет
fanila (atlet) máyka майка
fasulye fasól фасоль
faul fol фол
feribot tiplahód теплоход
fırça şyótka щётка
fırın peç печь
fırtınalı ştormavóy штормовой
fil slón слон
final finál финал
fincan çáşka чашка
fiyat tsená цена
fondöten krem púdra крем-пудра
fotoğraf çekmek yasaktır fotosiyómka zaprişiná фотосъемка запрещена
fotoğrafçı fotógraf фотограф
futbol futbol футбол

g

galibiyet pabéda победа
gar vakzál вокзал
garson ofitsánt официант
gazeteci pradavéts gazét продавец газет
gece véçır вечер
geç pózna поздно
geçen hafta na próşlay nidéli на прошлой неделе
geçit perehód переход
geçmiş praşédşiy прошедший
gelecek búduşiy будущий
gelecek hafta naslédușey nidéli на следующей неделе
gelin nivéska невестка
gelinlik svádebnoye plátye свадебное платье
gelir prihód приход
geliştirmek razvivát развивать
gelmek prihadít приходить
gemi parahód пароход
genç maladóy молодой
geniş şirókiy широкий
geri çevirmek atkazát отказать
geri dönmek vazvraşátsa возвращаться
getirmek prinasít приносить
geveze boltlívıy болтливый
gezinmek pragúlivatsa прогуливаться
girilmez vhód vaspreşén вход воспрещен

giriş vhod вход
giriş ücretli vhod plátnıy вход платный
giriş ücretsiz vhod besplátnıy Вход бесплатный
giriş yasak vhod vasprişón вход воспрещен
girmek zahadít заходить
gişe kássa Касса
gitmek uhadít уходить
giyecek adéjda одежда
giymek adivátsa одеваться
gol atmak zabít gol Забить гол
golf golf гольф
göbek pupók пупок
gökyüzü néba небо
gömlek rubáşka рубашка
göndermek atpravlyát отправлять
görmek smotrét смотреть
göstermek pakázıvat показывать
göz glaz глаз
göz farı téni dilya vek тени для век
göz kalemi karandáş dilya gláz карандаш для глаз
gözlük açki очки
greyfurt gréyfrut грейфрут
gri sérıy серый
gururlu górdıy гордый
güçlü, kuvvetli sílniy сильный
güçsüz slábıy слабый
gülmek smiyátsa смеяться
gülümsemek ulıbátsa улыбаться
gümrük tamójnya таможня
gümrük kontrolü tamójennıy post таможенный пост
gümrüksüz bez tamójennava nalóga без таможенного налога
gümüş (rengi) serébryanıy серебряный
gün den день
güneş gözlüğü solntsezaşítnıye açki солнцезащитные очки
güneşli sólneçno солнечно
güney yug юг
güneybatı yugo-západ юго-запад
güneydoğu yugo-vostók юго-восток
güreş barbá борьба
güvenilir vérnıy верный
güvenilmez ni vérnıy не верный
güvenmek daveryát доверять
güzel krasívıy красивый

hafta nidélya неделя
hakem sudyá судья
hakim sudyá судья
hakkında ob,o об, о
hala,teyze, yenge tyótya тётя
halter tijólaya atlétika тяжелая атлетика
hamile berémennaya беременная
hamsi hamsa хамса
hap tablétka таблетка
hapishane tyürmá тюрьма
harcamak trátit тратить
hariç króme кроме

harika prikrásnıy прекрасный
harita kárta карта
hasar vermek ispórtit испортить
hasta balnóy больной
hastane balnítsa больница
hata yapmak aşibátsa ошибаться
hatırlamak pómnit помнить
hatırlatmak napominát напоминать
havalandırma vítyajka вытяжка
havuç markóv морковь
havyar ikrá икра
hayal etmek meçtát мечтать
hazır kahve mólotıy kófe молотый кофе
hazırlamak gatóvit готовить
haziran iyún июнь
hemşire medsistrá медсестра
hentbol gandbol гандбол
her gün kájdıy den каждый день
hesap şöt счет
hesap makinesi kalkulyátar калькулятор
hırslı, tutkulu starátelnıy старательный
hissetmek çúvstvovat чувствовать
hostes stüardéssa стюардесса
hoşlanmak nrávitsa нравиться
hukuk pravá prava
hücre kámera камера
hükümet gasudárstva государство

I

ılık tyóplıy теплый
ıslak, nemli mókriy мокрый
ıspanak şpinát шпинат

İ

iç çamaşırı níjneye bilyó нижнее бельё
içermek saderját содержать
içilmez ni dilya pityá не для питья
içinde v в
içmek pit пить
iddia etmek spórit спорить
iğne ukól укол
ihracat éksport экспорт
ihtiyaç duymak nujdátsa нуждаться
ikiz bliznetsí близнецы
iklim vremena góda времена года
iktisat ekonómika экономика
ilaç lekárstva лекарство
ile s, sa с, со
ilkbahar vesná весна
ilköğretim şıkóla школа
imza pódpis подпись
imzalamak padpisát подписать
inanmak vérit верить
inatçı upryámıy упрямый
ince néjnıy нежный
incitmek abídet обидеть
indirim skídka скидка
inek karóva корова
inşa etmek pastróit построить
iri yarı krúpnıy крупный
ishal panós понос
istasyon vakzál вокзал

SÖZLÜK

istemek jelát желать
iş adamı biznısmén бизнесмен
işaret etmek pakázıvat показывать
işçi rabóçiy рабочий
işitmek, duymak slúşat слушать
işletme proizvódstvo производство
itfaiyeci pajárnıy пожарный
ithalat import импорт
itiniz at sibyá от себя
itiraz etmek predyavlyát preténzii предъявлять претензии
itmek attálkivat отталкивать
iyi dóbrıy добрый
izin vermek razreşít разрешить

jilet lézve лезвие
jimnastik gimnástika имнастика
judo dju-dó дзю-до

kabul etmek prinyat принять
kaçmak ubigát убегать
kadın (k) jénşina женщина (Ж)
kadın eş jená жена
kağıt bumága бумага
kahvaltı myöd мёд
kahverengi karíçnevıy коричневый
kalabalık talpá толпа
kalamar kalmár кальмар
kalça bedró бедро
kale varóta ворота
kaleci vratár вратарь
kalın tólstıy толстый
kalkış saati vrémya atlyóta время отлёта
kalkmak padnyát поднять
kalmak(otel) astátsa остатся
kalorifer obogrivátel обогреватель
kalp sérdtse сердце
kamara kayúta каюта
kamyon gruzováya maşína грузовая машина
kan krov кровь
kan grubu grúppa krovi группа крови
kanunsuz nezakónnıy незаконный
kapalı zakríta закрыто
kapatmak zakrıvát закрывать
kapı dver дверь
kaplumbağa çeripáha черепаха
kaptan kapitán капитан
kar sneg снег
kâr príbıl прибыль
karanlık çyórnıy чёрный
karar vermek prinimát rişéniye принимать решение
kararlı, azimli uvérennıy уверенный
karın jivót живот
karıştırmak pameşát помешать
karlı snéjnaya снежная
karne zaçótnaya kníjka зачётная книжка
karpuz arbúz арбуз
karşı prótiv против

karşılaştırmak srávnivat сравнивать
kartvizit vizítnaya kártaçka визитная карточка
kasım noyábr ноябрь
kaş brov бровь
kaşık lójka ложка
kavşak perekryóstak перекресток
kavun dínya дыня
kayak líji лыжи
kaybetmek praigrát проиграть
kaybetmek pateryát потерять
kaydetmek sahranít сохранить
kaygısız bez zabótnıy беззаботный
kayık lódka лодка
kayınpeder test тесть
kayınvalide työşa тёща
kayısı abrikós абрикос
kaza avária авария
kazak svítır свитер
kazanmak (para) zarabátıvat зарабатывать
kazanmak (yarışma) vıyigrat выиграть
kebap şaşlík шашлык
kedi kóşka кошка
kek keks кекс
kekik çabréts чабрец
kel lísıy лысый
kelepçe narúçniki наручники
kemer rimén ремень
kesmek parézat порезать
keşfetmek atkrít открыть
kırmak slamát сломать
kırmızı krásnıy красный
kırmızı biber krásnıy pérets красный перец
kısa karótkiy короткий
kıskanç revnívıy ревнивый
kış zimá зима
kız arkadaş padrúga подруга
kız evlat dóçka дочка
kız kardeş sistrá сестра
kızgın serdítıy сердитый
kızlık soyadı déviçaya famíliya девичья фамилия
kimlik udastaveréniye удостоверение
kiralamak arendavát арендовать
kiralık zıdayótsa vı aréndu сдаётся в аренду
kiraz víşnya вишня
kirletmek páçkat пачкать
kitap kníga книга
kitapçı pradavéts knig продавец книг
klima konditsiyanér кондиционер
koca muj муж
kokmak páhnut пахнуть
kol ruká рука
kol saati ruçníye çası ручные часы
kola kola кола
kolay, hafif lyóhkiy лёгкий
kolonya adekalón одеколон
kolye kolyé колье
komik smişnóy смешной
komposto kampót компот
konsolosluk kónsulstvo консульство
kontrol etmek praveryát проверять

konuşmak razgavárivat разговаривать
konyak kanyák коньяк
köpek sabáka собака
korkmak bayátsa бояться
korumak zaşişát защищать
koşmak bégat бегать
koşu beg бег
koyun barán баран
köpek balığı akúla акула
köprü most мост
kör slipóy слепой
köşede na uglú на углу
kötü plahóy плохой
kravat gálstuk галстук
kredi kartı kredítnaya kárta кредитная карта
krem krem крем
kuaför parikmáher парикмахер
kulak úha ухо
kullanmak ispólzovat использовать
kumral şaténka шатенка
kupa kúbok кубок
kurbağa lyagúşka лягушка
kurs kurs курс
kurşun kalem karandáş карандаш
kurt vólk волк
kurtarmak spasát спасать
kuru suhóy сухой
kuş ptítsı птицы
kuvvetli sílnıy сильный
kuyumcu yuvilír ювелир
kuzey séver север
kuzeybatı sévero-západ северо-запад
kuzeydoğu sévero-vastók северо-восток
külot trusí трусы
külotlu çorap kalgótki колготки
küpe sérgi серьги

laboratuvar laboratóriya лаборатория
lahana kapústa капуста
lamba lámpa лампа
lavabo rákovina раковина
levrek ókun окунь
lezzetli fkúsnıy вкусный
likör likör ликёр
liman port порт
limonata limanád лимонад
lise litséy лицей

maç matç матч
madalya medál медаль
maden suyu minerálnaya vadá минеральная вода
mahkeme sud суд
makarna makarónı макороны
makas nójnitsı ножницы
makyaj yapmak sdélat makiyáj сделать макияж
mal tavár товар
mandalina mandarín мандарин
mantar çorbası gribnóy sup грибной суп
mantı mántı манты
marangoz stolyár столяр
mart mart март
masa stól стол
masa örtüsü skátert скатерть

masa tenisi nastólnıy tennis настольный теннис
mavi galubóy голубой
mayıs may май
maymun abezyána обезьяна
mayo (bayanlar için) kupálnik купальник
mayo (erkekler için) pláfki плавки
meclis dúma дума
medeni durum siméynoye palajéniye семейное положение
memur gosslújaşiy госслужащий
merak etmek perejivát переживать
mercimek çeçevítsa чечевица
mercimek çorbası çeçevíçnıy sup чечевичный суп
merdiven (ler) léstnitsa(-ı) лестница(-ы)
meslek praféssiya профессия
meslek okulu proftehuçílişe профтехучилище
meşgul zanyátoy занятой
meşgul, dolu zányata Занято
metro metró Метро
metro, tramvay metro, tramvay метро,трамвай
mevsim salatası avaşnóy salát овощной салат
meydan (alan) plóşad площадь
meyve salatası fruktóvıy salát фруктовый салат
meyve suyu fruktóvıy sok фруктовый сок
meyveler frúktı фрукты
mezeler zakúski закуски
mezun vıpusník выпускник
mısır kukurúza кукуруза
mide jelúdak желудок
midye mídyi мидии
milletvekili deputát депутат
mimar arhitéktor архитектор
mor fiolétovıy фиолетовый
muayene asmótr осмотр
muhabir jurnalíst журналист
muhasebe bugaltériya бухгалтерия
muhasebeci bugálter бухгалтер
mutfak kúhnya кухня
mutlu şastlívıy счастливый
mutsuz nişástnıy несчастный
muz banán банан
müdür, müdire diréktar директор
mühendis injenér инженер
mükemmel prikrásnıy прекрасный
müze muzéy музей
müzisyen muzıkánt музыкант

nabız puls пульс
namuslu, dürüst vérnıy, çéstnıy верный, честный
nane myáta мята
nar granát гранат
nefes almak dışát дышать
nefret etmek ninavídit ненавидеть
neşeli visyólıy весёлый
nisan aprél апрель
nişanlı abruçónnıy обручённый

noter notárius нотариус
Ocak Yanvár Январь
oda kómnata комната
oda servisi abslújivaniye v nómere обслуживание в номере
oğul sın сын
oje lak dilya nagtéy лак для ногтей
okul şıkóla школа
okumak çitát читать
omlet omlét омлет
omuz pléçi плечи
onaylamak utverdít утвердить
otel gastínitsa гостиница
otobüs aftóbus автобус
otogar aftovakzál автовокзал
otopark stayánka стоянка
oturma izni vid na jítelstvo вид на жительство
oturmak sadítsa садится
oynamak igrát играть
oyun igrá игра
ödemek platít платить
ödev damáşniye zadániye домашнее задание
Öğle pólden полдень
öğle yemeği abéd обед
öğleden sonra pósli abéda после обеда
öğrenci studént студент
öğrenmek uçítsa учится
öğretmek uçít учить
öğretmen pripadavátel преподователь
öğretmen uçítel учитель
öksürük káşel кашель
öldürmek ubivát убивать
ölmek umirát умирать
önde fiperedí впереди
öpmek tselovát целовать
ördek útka утка
özel okul çástnaya şıkóla частная школа
özlemek skuçát скучать
özür dilemek prasít praşéniye просить прощение
Pahalı daragóy дорогой
palamut tunéts тунец
palto paltó пальто
pamuk váta вата
pantolon bryúki брюки
papağan papugáy попугай
para déngi деньги
parfüm duhí духи
parmak paltsı пальцы
parti (siyasi) pártiya партия
pasaport pásport паспорт
pasta tort торт
patates kartóşka картошка
patates kızartması kartófel fri картофель фри
patates püresi pyüré пюре
patates salatası kartófelnıy salat картофельный салат
paten (buz pateni) figúrnoye katániye фигурное катание
patlıcan baklaján баклажан
paylaşmak podelítsa поделиться
pazar voskrisénye воскресенье
pazar rínak рынок
pazartesi panidélnik понедельник

peçete salfétka салфетка
pembe rózoviy розовый
penaltı penálti пенальти
pencere aknó окно
perde zanavéska занавеска
perşembe çitvérg четверг
peynir sır сыр
pijama pijáma пижама
pilav plov плов
piliç kızartma járenaya kúritsa жареная курица
pilot pilót пилот
pişirmek gatóvit готовить
plaj plaj пляж
polis palitséyski полицейский
politika palítika политика
portakal apelsín апельсин
portakal suyu apelsínoviy sok апельсиновый сок
postacı paçtalón почтальон
postane póçta Почта
profesör praféssar профессор
profesyonel prafessionál профессионал
propaganda propagánda пропаганда
pudra púdra пудра

rahatsız etmek bespakóit беспокоить
rakı rakı ракы
rakip sapérnik соперник
reçete retsépt рецепт
reddetmek atkazátsa отказаться
rehber gíd гид
rekor rekórd рекорд
rezerve zabronírovana Забронировано
rica etmek prasít просить
rimel, maskara tuş dilya resníts тушь для ресниц
röntgen rintgén рентген
ruj gubnáya pamáda губная помада
rüya görmek snítsa сниться
rüzgâr véter ветер
rüzgârlı vétreniy ветреный

Saat (süre) vrémya время
sabah útra утро
sabırlı terpilíviy терпиливый
sabırsız niterpímıy нетерпимый
sabun mílo мыло
saç vólası волосы
saç boyası kráska dilya valós краска для волос
sakal baradá борода
saklanmak skrıvátsya скрываться
salam kalbasá колбаса
salatalar salátı салаты
salatalık ageréts огурец
salı ftórnik вторник
sanık svidétel свидетель
saniye sekúnda секунда
sardalye sardíni сардины
sarı jyóltiy жёлтый
sarışın blandín блондин
sarımsak çisnók чеснок
satılık pradayótsa продаётся
satın almak pakupát покупать
satmak pradavát продавать
savaş vayná война
savcı prakurór прокурор
savunmak zaşişát защищать

saymak (sayı) sçitát считать
sebze çorbası avaşnóy sup овощной суп
sebzeler óvaşi овощи
seçim víbarı выборы
seçmek vıbirát выбирать
seçmen izbiráteli избиратели
sedye katálka каталка
sekreter sekretár секретарь
seminer seminár семинар
serin prahládnıy прохладный
sermaye kapitál капитал
servis sérvis сервис
sevimli, tatlı mílıy милый
sevmek lübit любить
seyahat puteşéstviye путешествие
seyirci zríteli зрители
seyretmek pasmatrét посмотреть
sıcak jará жара
sık sık cásta часто
sıkıcı skúçnıy скучный
sınav ekzámen экзамен
sınıf klás класс
sınır granítsa граница
sıra párta парта
sigara sigaréta сигарета
sigara içilmez ni kurít не курить
sigara içmek kurít курить
silgi rezínka резинка
silmek udalít удалить
sinirli nérvnıy нервный
sipariş vermek zakazát заказать
sis tumán туман
siyah çyórnıy чёрный
-siz, -sız bez без
skor şöt счёт
soğan luk лук
soğuk hólod холод
soğukkanlı hladnakróvniy хладнокровный
som balığı som сом
sonbahar ósen осень
sormak spráşıvat спрашивать
soru vaprós вопрос
sosis sosíska сосиска
söylemek skazát сказать
söz vermek abeşát обещать
spor sport спорт
spor ayakkabı krassófki крассовки
stadyum stadión стадион
su vada вода
su tesisatçısı slésar слесарь
subay ofitsér офицер
sucuk kalbasá колбаса
susamak hatét pit хотеть пить
sütyen byustgálter бюстгалтер
süresince v pradaljéniyi в продолжении
sürmek (oto) yézdit ездить
süt malakó молоко
süt kaymak silífki сливки

Ş

şaka yapmak şutít шутить
şampanya şampánskoe шампанское
şampiyon çempión чемпион
şampuan şampún шампунь
şanslı udáçnıy удачный
şanssız neudáçnıy неудачный
şapka şápka шапка
şarap vino вино
şarkı söylemek pyet pésni петь песни

şaşırtmak udivlyát удивлять
şeftali pérsik персик
şehir merkezi tséntır górada центр города
şeker sáhar сахар
şemsiye zóntik зонтик
şerefe nazdaróvye на здаровье
şikâyet jálaba жалоба
şikâyet etmek jálavatsa жаловаться
şimdi siyçás сейчас
şimşek grom гром
şişman tólstıy толстый
şoför vadítel водитель
şort şórtı шорты
şubat fevrál февраль
şüphelenmek padazrevát подозревать
şüpheli padazriváyemıy подозреваемый

tabak tarélka тарелка
tabanca pistalét пистолет
tahmin etmek predpalagát предполагать
takım kománda команда
takım elbise kastyúm костюм
takip etmek preslédovat преследовать
taklit etmek padraját подражать
taksi taksí такси
talep sprós спрос
tam pansiyon pólnıy pansiyón полный пансион
tamir etmek remontírovat ремонтировать
tanımak, öğrenmek uznavát узнавать
tansiyon krovyanóye davléniye кровяное давление
tarafından so staraní со стороны
taraftar bolélşiki болельщики
tarak rasçóska расческа
tartışmak sısóritsa ссориться
tasarruf vaznagrajdéniye вознаграждение
taşımak nasít носить
tatlılar disértı десерты
tatmak papróbovat попробовать
tava skavarodá сковорода
tavsiye etmek sovyétovat советовать
tavşan królik кролик
tavuk kúritsa курица
tavuk çorbası kurínıy sup куриный суп
tebrik etmek pazdrávit поздравить
tedavi leçéniye лечение
tedavi etmek leçít лечить
tehdit etmek ugraját угражать
tehlikeli apásna опасно
teknisyen téhnik техник
tekrarlamak paftaryát повторять
tekvando tekvan-dó тэкван-до
telefon etmek pazvanít позвонить
televizyon televízır телевизор

temas kurmak, bağlanmak svyazátsa связаться
tembel lentyay лентяй
temizlemek ubirátsa убираться
temmuz iyúl июль
tencere kastrúlya кастрюля
tenis ténnis теннис
tercih etmek vıbirát выбирать
tercüman perevódçik переводчик
tercüme etmek perevodít переводить
tereyağ máslo slívaçnoye масло сливочное
terlik tápaçki тапочки
terzi partnóy портной
teslim etmek zdavátsa здаваться
teşekkür etmek blagadarít благодорить
teşhis diágnoz диагноз
tıraş köpüğü pena dilya brityá пена для бритья
tıraş olmak brítsa бриться
tırmanmak padnimátsa подниматься
tırnak nógot ноготь
tırnak törpüsü pílka dilya nogtéy пилка для ногтей
tilki lisá лиса
timsah krokodíl крокодил
tişört futbólka футболка
tok sítıy сытый
tonik tónik тоник
top miyáç мяч
torun (erkek) vnuk внук
torun (kız) vnúçka внучка
tıraş bıçağı brítva бритва
tıraş bıçağı brítvennoye lézve бритвенное лезвие
tren póyezd поезд
tribün tribúna трибуна
turnuva turnír турнир
turşu solénya соленья
turuncu oránjevıy оранжевый
tutmak derját держать
tutuklamak arestovát арестовать
tutuklu arestánt арестант
tuvalet tualét туалет
tuvalet kâğıdı tualétnaya bumága туалетная бумага
tuz sol соль
tüketim potrébnasti потребности
Türk kahvesi turyétskiy kófe турецкий кофе

Ucuz dişóvıy дешёвый
uçak samalyót самолет
uçmak litát летать
ufak [küçük] málenkiy маленький
ulaşım tránsport транспорт
ulaşmak dayéhat доехать
umut etmek nadéyatsa надеяться
unutmak zabıvát забывать
uskumru skúmbriya скумбрия
utangaç stisnítelnıy стиснительный
uyanmak prasnútsa проснуться
uygulamak praktikovát практиковать

uyruk grajdánstva гражданство
uyumak spat спать
uzatma pradléniye продление
uzman spetsialíst специалист
uzun dlínnıy длинный

Ülke straná страна
ülser yázva язва
üniversite universitét университет
ünlü znamenítnıy знаменитый
üretim praizvódstva производство
üretmek praizvadít производить
ütü utug утюг
üzerinde nad над
üzgün grústnıy грустный
üzüm vinográd виноград

Vahşi díkiy дикий
valiz çimadán чемодан
varış saati vrémya pribítiye время прибытие
var olmak bıt быть
vazgeçmek atkazát отказать
vermek davát давать
veteriner veterinár ветеринар
viski víski виски
vize víza виза
voleybol voleybol волейбол
votka vódka водка
vurmak udárit ударить

Yakalamak paymát поймать
yakışıklı simpatíçnıy симпатичный
yakmak jeç сжечь
yalnız (tek başına) adinókiy одинокий
yanında ryádom рядом
yanlış niprávilna неправильно
yapmak délat делать
yara bandı plástır пластырь
yaratıcı sazdátel создатель
yardım etmek pamagát помогать
yardımsever serdabólnıy сердобольный
yargıç sudyá судья
yarın záftra завтра
yarış sarivnavániye соревнование
yasaklamak zapretít запретить
yasal zakónnıy законный
yastık podúşka подушка
yaş vózrast возраст
yaşamak jit жить
yaşlı stárıy старый
yat yáhta яхта
yatak kravát кровать
yatak odası spálnya спальня
yatırım investítsii инвестиции
yaz léta лето
yazar pisátel писатель
yazı tahtası doská доска
yazmak pisát писать

yeğen plemyánnik племянник
yemek kúşat кушать
yeni nóvıy новый
yenileme obnavít обновить
yenilgi parajéniye поражение
yenmek pabedít победить
yeşil zilyónıy зелёный
yeşil salata zilyónıy salat зелёный салат
yetişkin vızróslıy взрослый
yetişmek uspét успеть
yıkamak stirát стирать
yıl god год
yılan zméya змея
yoğurt yógurt йогурт
yol göstermek pakázıvat darógu показывать дорогу
yol kapalı daróga zakríta дорога закрыта
yolcu passajír пассажир
yolcu gemisi tiplahod теплоход
yolculuk etmek puteşéstvovat путешествовать
yorgun ustávşiy уставший
yönetmek rukavadít руководить
yukarısında nad над
yüksek lisans aspirantúra аспирантура
yürümek hadít peşkóm ходить пешком
yüz litsó лицо
yüzme plávaniye плавание
yüzmek plávat плавать
yüzük kaltsó кольцо

Zannetmek padúmat подумать
zaman vrémya время
zarar ubítki убытки
zeki úmnıy умный
zengin bagátıy богатый
zeytin alífki оливки
zil zvanók звонок
ziyaret etmek pasişát посещать
zor tijólıy тяжёлый